이반 일리치 강의

이반 일리치 강의

발행일 초판1쇄 2021년 10월 15일 | 초판2쇄 2021년 11월 10일
지은이 이희경 | **펴낸곳** 북튜브 | **펴낸이** 김현경 | **편집인** 박순기 | **주소** 서울시 종로구 사직로8길 24 1221호(내수동, 경희궁의아침 2단지) | **전화** 02-739-9918 | **팩스** 070-4850-8883 | **이메일** booktube0901@gmail.com

ISBN 979-11-90351-95-9 03100

이 책은 2020년 '도서관 길 위의 인문학' 사업으로 진행된 지은이의 강의 내용을 바탕으로 집필되었습니다.

책으로 만나는 인문학강의 세상
북튜브는 북드라망의 강의-책 브랜드입니다.

이반 일리치 강의

팬데믹 이후의 학교와 병원을 생각한다

이희경 지음

Booktube 북튜브

머리말

네메시스! 자연의 복수. 코로나 팬데믹을 표현하는 이보다 더 정확한 말이 있을까?

올봄만 하더라도 백신이 팬데믹을 끝낼 것이라는 낙관이 퍼져 있었지만 한 철 겨우 지난 지금, 더 이상 그렇게 생각하는 사람들은 없다. 백신을 무력하게 만드는 변이들이 계속 출몰할 것이며, 그 중 어떤 것은 상상할 수 없는 빠른 전파력을 갖고 있고, 또 어떤 것은 끔찍할 정도로 치명적일 것이라는 비관적 예측이 점점 더 설득력을 얻고 있다. 게다가 올해는 말 그대로 유례없는 기상이변, 산불과 폭우와 폭염이 닥쳐왔다. 호주 산불에서는 10억 마리의 야생동물이 목숨을 잃었다고 한다. 나는 타 죽은 캥거루와 코알라를 보며 몸서리쳤고 조금 울었다. 우리는 구원받을 수 있을까? 삶의 출구가 있을까? 나는 마스크를 쓴 채 이반 일리치(Ivan Illich)를 다시 꺼내들었다.

돌이켜 보면 나는 이반 일리치를 수십 년에 걸쳐서 읽었다. 이반 일리치 전공이냐고? 그건 아니다. 나는 제도 밖 연구자로서 특별한 전공이 없는 사람이다. 이반 일리치 역시 어느 전공으로도 묶을 수 없는 아카데미 밖의 지식인이다. 그런데도 나는 수십 년에 걸쳐 이반 일리치를 읽었다. 정확하게는 일정한 텀을 두고 이반 일리치를 우연인 듯 필연인 듯 다시 만났다고 해야 할 것이다.

첫번째 만남은 이반 일리치가 한국에 처음 소개되었을 때였다. 『학교 없는 사회』(1971)는 이반 일리치를 세계적인 스타로 만든 저작인데, 우리나라에서도 비교적 이른 1978년에 처음 번역되었고, 1979년에 다시, 1984년에 또다시 번역되었다. 1984년 한마당 출판사에서 나온 그 책의 제목은 『탈학교 논쟁』이었다.

한마당 출판사는 읽을 수 있었던 책이 몇 권 되

지 않았던 7, 80년대, 진보적 지식에 목말라했던 우리에게 새로운 지식을 공급하던 몇 안 되던 사회과학출판사 중의 하나였다. 한마당 출판사에서는 이미 1982년에 라이머(Everett Reimer)의 『학교는 죽었다』(*School is Dead*)를 출판했던 바 있었고, 우리는 라이머와 일리치의 책을 세트로 묶어서 함께 읽었다. 아니 이미 지하서적으로 비밀리에 유통되던 파울루 프레이리(Paulo Freire)의 『페다고지』(*Pedagogy*)와 함께 프레이리-라이머-일리치, 이 셋은 '빨간-교육'의 위대한 트라이앵글을 형성하고 있었다.

1980년대 우리의 책읽기는 차분하거나 이론적이거나 섬세한 것과는 거리가 멀었다. 우리는 당파적이었고, 전투적이었고, 책이, 이론이 당장 현실의 무기가 되기를 원했었다. 더구나 중고등학교 때까지 진절머리 나는 유신교육을 받았던 우리에게 학교는 사유의 대상이라기보다는 너나없는 '말죽거리 잔혹사'의 경험이었으니, "학교는 죽었다"거나, "탈학교 사회"라는 말은 그 자체만으로도 우리를 흥분시키기에 충분했다. 우리는 대학생이었지만 학교를 벗어나 노동자를 만나러 노동야학으로 나섰다. 교육은,

배움은, 학교에서 일어나는 게 아니라 학교 밖에서 일어나야만 했다!!

그러나 1980년대에 나는 이반 일리치를 다른 마르크스주의 교육학자들과 구별할 수 있는 눈이 없었다. 일리치가 그의 수많은 저서에서 일관되게 사회주의자들을 비판하고 있다는 것도 깨닫지 못했다. 그럼에도 불구하고 일리치-앎이 단순한 지식으로 존재했던 적이 없었다. 당시 우리는 전투 중이었고, 80년대의 앎이 대체로 그러했듯이 일리치-앎은 전투의 강력한 무기였다. 그러나 80년대가 지나가면서 일리치는 나를 비롯해 우리 모두에게 서서히 잊혀 갔다.

그러나 다시 인연. 두번째 만남은 2000년대 초였다. 친구들 중의 일부가 오랫동안 한국의 교육문제를 고민하고 있었고 그 결과로 대안학교를 만들었는데 나는 친구들에 대한 믿음과 의리 때문에 그 학교를 만드는 과정에 기꺼이 참여했고 주저 없이 아이들을 그 학교에 보냈다. 당시 '수유너머'라는 아카데미 밖 지식인 공동체에 몸담고 있었던 나에게 친구들이 만드는 대안학교는 '수유너머'의 10대 버전이었다. 제도 밖에서도 즐거운 앎, 행복한 교육은 가능하다! 우리가 할 수 있다면 10대들도 할 수 있다! 나는 이 점을 믿어 의심치 않았다.

그러나 현실은 달랐다. 대안학교는 날이 갈수록 학교태(學校態, schooling)를 강화시켜 나갔다. '수유너머'라는 준거가 있던 나는 그런 대안학교를 보는 것이 답답했고, 대안교육에 탈학교적 색채(deschooling)를 입혀 보려고 무진 애를 썼지만 별무소득이었다. 이반 일리치를 다시 읽기 시작했다. 다행히 2004년에 미토 출판사에서 70년대의 이반 일리치의 대표적 저작들을 전집 형태로 재간행하였던 터라, 이번엔 비로소 차분하게 이반 일리치의 사상들을 폭넓게 읽을 수 있었다. 그리고 지금 우리나라에 존재하고 있는 탈학교 및 대안교육 운동들이 사실상 이반 일리치의 문제의식과 얼마나 멀리 떨어져 있는지도 뼈아프게 깨달을 수 있었다. 대안교육은 일리치식으로 이야기하면 여전히 "구원을 위해 타인을 조작할 수 있다고 생각하는 '교육학적 오만'"에 빠져 있었다. 제도는 어디 멀리 있는 게 아니었다. 제도화의 기미를 알아차리는 혜안과 그것의 중력을 벗어날 수 있는 능력이 없을 때, 내가 머무는 곳 그 어디라도 제도화가 진행된다. 나는 내가 참여했고, 내 아이들을 보냈던 그 대안학교와 결별했다.

세번째 만남은 2009년이었다. 지금 내가 몸담고 있는 마을인문학공동체 '문탁네트워크'의 시작은 우리 집 거실에서 동네 친구 9명과 함께 시작한 소박한 '이반 일리치 세미나'였다. 어떻게 살아야 잘 사는 것일까를 고민하는 진지한 '생활인'들과 함께 공부를 시작하면서 내 머릿속에 맨 처음 떠오른 사상가는 마르크스도 니체도 푸코도 아니었다. 동네 친구들이 공부를 쭉 해오던 사람들이 아니라는 점을 생각하고, 그래서 어려운 텍스트를 읽어 낼 만한 준비가 부족하다고 판단했기 때문일까? 결단코 아니다. 나 역시 '수유너머'에서 처음 들뢰즈를 읽었을 때, 하얀 건 종이고 까만 건 글씨였다. 그래도 결국은 읽을 수 있었다. 누구나 언제 어디서든 어떤 텍스트에도 접속할 수 있다는 것은 나의 오랜 신념이다. 지식은 위계가 없고, 지능에도 위계가 없다. 그렇다면 도대체 왜, 하필 이반 일리치였을까?

어쩌면 '수유너머' 마지막 시기의 경험 때문이었을 거다. 똑똑하고 뛰어나고 명민하고 탁월한 공부 인재들은 이미 '수유너머'에서 물리도록 많이 보아 왔다. 그들에게 많이 배웠고, 그들과 더불어 '앎의 공동체'를 실험했지만 들뢰즈와 니체에 대한 공동체 전체의 넘치도록 풍부한 앎이 공동체의 작은 갈등 하나를 해결하지 못한다는 것도 뼈저리게 깨달았다. 앎-앎-앎…으로 이어지는 앎의 증식과정을 끊을 것. 딱 아는 만큼 몸이 바뀌고 생활이 바뀌고 관계가 바뀌는 그런 앎-삶의 계열을 다시 사유할 것! 대안학교에 이어 '수유너머'와도 결별하면서 내가 깨닫게 된 것은, 어쩌면 지극히 당연하고 소박한 이 결론이었다.

이후 이반 일리치는 문탁의 '소의경전', 즉 우리가 사유하는 기반이 되는 핵심 텍스트가 되었다. 우리는 이반 일리치를 읽고 또 읽었고, 새로운 회원이 들어올 때마다 필수코스로 이반 일리치를 읽혔다. 뿐만 아니라 일리치가 제시한 대안적이고 공생적인 도구, 마을 작업장, 마을 공유지, 청소년 미니학교를 하나둘씩 만들어 나가며 즐거워했다. 우린 잘나갔고 낙관적이었다. 그렇게 10년쯤 흘렀는데 어느 날 정신을 차려 보니 우리는 더 이상 이반 일리치를 읽고 있지 않았다. 소박한 기풍, 우정과 환대의 정신도 점점 희미해져 가고 있었다. 우리는 너무 커졌고 모두 바빴다. 그리고 딱 그 시점에 코로나가 터졌다.

그리고 얼마 후 『녹색평론』의 김종철 선생님이 돌아가셨다. 선생님은 누구보다 먼저, 꾸준히 이반 일리치를 한국에 소개하고 10년이 넘게 『녹색평론』 독자들과 함께 '일리치 읽기모임'을 꾸려 나가셨다. 그러나 인간의 탐욕이 결국 이런 팬데믹을 불러온 것에 대해 깊이 절망하셨고 마지막 힘을 짜내 "뭇 중생들과의 평화로운 공생", "단순 소박한 형태의 삶"을 우리한테 호소하시다가 어느 날 표표히 세상을 떠나셨다. 나는 그때 좀 길게 울었다.

지난겨울 한국도서관협회 '길 위의 인문학'에서 강의할 기회가 있었다. 큰 주제는 '팬데믹 시대의 일상의 인문학'이다. 나는 주저하지 않고 이반 일리치를 선택했다. 근대사회에서 우리가 저지른 일들을 차분하게 분석하고 포스트 코로나를 생각해 보는 데 일리치만큼 좋은 사상가는, 적어도 나에겐 없었다. 그리고 강의를 준비하고 진행하는 과정에서 나는 조금씩 슬픔과 비관에서 벗어날 수 있었다. 희망은, 인류학자 데이비드 그레이버(David Graeber)의 말처럼(그도 작년 코로나 와중에 갑작스럽게 세상을 떠났다. 새삼 명복을 빈다), 정치적 선택이다. 한 치 앞이 내다보이지 않을 때도 한 발을 떼는 것, 희망이 있다고 믿는 것, 그것이 정치적 행동이다. 나는 여전히 이반 일리치, 데이비드 그레이버, 김종철 선생님 같은 스승들과 함께 이 길에 서 있다.

마지막으로 북튜브. 어수선한 강의를 풀고 다시 엮어서 그럴듯한 한 권의 책으로 만들어 주셨다. 내가 얼마나 감사하는지, 박순기 실장님은 짐작도 못할 것이다. 덕분에 또 다시 한 발 내딛는다.

2021년 9월

이희경 씀

차례

| 일러두기 |

1 이 책에서 인용하는 문헌의 서지정보는 해당 서지가 처음 나오는 곳에 지은이, 서명, 출판사, 출판 연도, 인용 쪽수를 모두 밝혔으며, 이후에 다시 인용할 때에는 지은이, 서명, 인용 쪽수만을 간략히 표시했습니다. 예시 : 이반 일리치, 『병원이 병을 만든다』, 박홍규 옮김, 미토, 2004, 16쪽 / 일리치, 『병원이 병을 만든다』, 16쪽

2 단행본의 제목에는 겹낫표(『 』)를, 논문·영화·드라마·시의 제목에는 낫표(「 」)를 사용했습니다.

3 인명·지명 등 외국어 고유명사는 2002년 국립국어원에서 펴낸 외래어표기법을 따라 표기했습니다.

1

첫번째 강의

성장을 멈추어라

이반 일리치의

생애와 사상

첫번째 강의

성장을 멈추어라

: 이반 일리치의 생애와 사상

이반 일리치, 당연한 것들에 대한 질문

안녕하세요. 이번 강의에서는 이반 일리치(Ivan Illich, 1926~2002)라는 사상가를 통해 코로나 시대에 우리가 어떻게 살아야 할지를 고민해 보고자 합니다. 우선 첫번째 강의에서는 이반 일리치라는 인물이 어떤 인물인지, 그리고 그 사유가 어떤 지향을 가지고 있는지를 전반적으로 살펴보고, 두번째와 세번째 강의에서 이반 일리치가 70년대에 주요하게 다루었던 학교와 병원의 문제를 본격적으로 살펴보겠습니다.

'코로나 시대에 이반 일리치를 읽는다'라고 말씀을 드리면 아마 질문이 생기실 거예요. '이반 일리치가 누구인가?' 그리고 '코로나 시대에 하필 이반 일리치를 이야기하는가?' 이런 의문을 갖게 되실 텐데요. 어떤 분은 '이반 일리치'를 검색했더니 『이반 일리치의 죽음』이라는 책이 나온다고 말씀하시더라고요. 이 책은 유명한 톨스토이의 작품이고요. 오늘 이야기할 사상가 이반 일리치는 다른 사람입니다. 사실 이반 일리치는 모든 사람이 다 아는 유명한 철학자는 아니죠. 플라톤, 니체, 하이데거, 이런 철학자의 이름은 거의 모든 사람이 들어 봤겠지만, 이반 일리치는 들어 보지 못한 분들도 많을 것 같아요.

그러면 코로나의 시대에 왜 이렇게 낯선 사상가인 이반 일리치를 소환해 왔을까요? 2020년 초부터 지금까지 우리는 말 그대로 '전대미문'의 경험을 했어요. 세계적으로는 근대 이후 100~200년, 한국 사회에서는 전쟁이 끝나고 수십 년 동안 당연하게 여겨졌던 것들이 작동을 하지 않는 경험을 했습니다. 지금까지는 아이들은 학교를 가고, 남자 어른들은 직장에 가서 돈을 벌고, 여자 어른들은 집에서 살림을 하고(물론 요즘에는 맞벌이 가구가 전체의 절반 가까이 되지만요)···, 어쨌든 이렇게 일상으로 여겨져 왔던 일들이 더 이상 가능하지 않게 된 거죠. 제가 며칠 전에 동네 꼬마를 엘리베이터에서 만났는데, “어디 가니?” 그랬더니 “학교요”라고 대답하더라고요. “학교 요즘 매일 가?” “월, 수, 금에 가요” 그러더라고요. 그런데 조금 가다가 다른 꼬마를 만났어요. “학교 가야지” 그랬더니 “저는 월, 화, 수에 학교 가요” 그러더라고요. 학교가 이렇게 된 것은 정말 처음 보는 일이에요. 진짜 뉴 노멀(New Normal)이에요.

이렇게 일상이 무너지는 상황에서 선진국에 대해서도 다시 생각하게 되었죠. 선진국이라고 하면 국민소득이 굉장히 높아요. 땅덩어리도 크고, 국민들도 많고…. 그런데 이게 도대체 뭐지? 하이테크놀로지를 보유하고 있는데도 코로나에 취약하다는 것이 드러나 버렸습니다. 이런 현상이 굉장히 이상하다는 거예요. 새로운 질문을 던질 수밖에 없는 상황인데, 우리가 오늘 다룰 이반 일리치는 1960년대부터 70년대에 걸쳐서, 그러니까 지금으로부터 수십 년 전에 이미 이런 질문들을 던졌습니다. ‘우리가 당연하게 여기는 것들이 진짜 당연한 거야?’ ‘학교를 왜 가야 해?’ ‘학교를 넘어서 생각해 봐야 되지 않아?’ ‘선진국이 되는 게 좋아?' '임노동이 아닌 삶을 생각해 봐야 되지 않아?' 이런 질문들을 던졌단 말이에요. 그리고 선진국과 후진국, 혹은 개발도상국이라는 구분도 이상한 거 아니냐는 질문을 던졌습니다.

저는 이반 일리치가 했던 이런 질문들이 코로나 시대를 숙고하고 포스트 코로나 시대를 생각하는 데 도움을 줄 수 있을 것이라고 생각합니다. 다시 말해 팬데믹의 출구를 여는 데 이반 일리치만큼 좋은 동반자는 없다고 생각하는 거죠.

사제 이반 일리치

우선 이반 일리치가 어떤 사람인가에 대해서 이야기를 해야 하겠죠. 이반 일리치는 1926년에 태어났고, 사제서품을 받은 신부님입니다. 이반 일리치가 프랑스의 철학자인 미셸 푸코(Michel Foucault, 1926~1984)랑 동갑이고요. 쿠바의 혁명가 피델 카스트로(Fidel Castro, 1926~2016)와도 동갑이에요. 이게 참 재미있다고 생각을 합니다. 일리치가 사유하는 내용이 푸코와 많이 비슷합니다. 학교나 병원 같은 제도를 문제 삼으면서 역사적 진보나 근대사회에 대해 급진적 질문을 던지는 면모가 꽤 비슷하죠. 하지만 푸코는 프랑스의 전형적인 아카데미 출신 엘리트였습니다. 굉장히 급진적인 사유를 했다고 하더라도 프랑스의 유구한 지적 전통 위에 서 있어요. 그리고 1970년대에 푸코가 거리에서 운동권 비슷하게 정치투쟁을 했지만 그럼에도 불구하고 전형적인 아카데미 지식인이라고 할 수 있습니다. 일리치는 달라요. 푸코만큼 급진적이지만 전형적인 아카데미 지식인이 아닙니다. 그보다는 거리의 지식인에 가깝죠.

또 한편으로 일리치와 피델 카스트로도 수렴되는 점이 많아요. 잘 아시다시피 피델 카스트로는 체게바라와 함께 쿠바에서 혁명을 성공시키면서 전 세계를 깜짝 놀라게 한 사람이잖아요. 카스트로와 마찬가지로 이반 일리치가 사유의 엑기스를 형성한 것도 남미였습니다. 일리치는 20년 동안 남미에서 살았고요. 남미에서 대안대학, 인문학공동체 이런 것들을 만들고 거기에서 활동을 했습니다. 정치적으로 영향력을 갖는 사상가여서 이반 일리치를 미국 CIA가 늘 쫓아다녔다고 해요. 이렇게 남미에서 정치활동을 했다는 점에서 카스트로와 비슷한 점이 있지만, 그렇다고 또 카스트로처럼 전형적인 혁명가는 아니에요.

이렇게 푸코와 카스트로 두 사람과 비교해 봤을 때 일리치가 어떤 사람인지가 드러나는 것 같다는 말씀을 드리고 싶은 건데요. 말씀드렸듯이 이반 일리치는 전형적인 지식인도 아니고 전형적인 혁명가도 아니라고 할 수 있습니다. 그렇다고 지식인이 아니라고 이야기하기도 어렵고 혁명가가 아니라고 말하기도 어려운 교차점에 이반 일리치가 있어요. 한마디로 이반 일리치를 단정 짓기가 어렵다는 말입니다.

일리치는 처음에는 지식인도 혁명가도 아닌, 가톨릭 신부님으로 활동을 시작했습니다. 오스트리아에서 태어나서 자랐고, 그곳에서 대학을 갔습니다. 철학과 신학을 거쳐 역사학을 공부했고, 역사학으로 박사학위를 따고 이후에 로마에서 사제서품을 받았어요. 이반 일리치는 언어의 귀재였고 영민했습니다. 25세에 사제서품을 받았는데, 그때 이미 '교황청의 황태자'라는 소리를 들을 정도로 촉망받는 인재였고요. 차세대 추기경과 교황까지도 될 수 있을 거라고 여겨질 정도였습니다. 젊은 시절부터 두각을 나타냈던 거죠. 아마 계속 로마에 있었으면 승승장구했을지도 몰라요. 그런데 사제서품을 받고 박사후과정을 밟으러 뉴욕으로 갑니다. 일설에 의하면 20대에 사제서품을 받았을 때부터 이미 로마의 가톨릭 정치에 굉장히 염증을 느꼈다는 이야기도 전해지고 있어요. 그래서 연금술 공부를 위해 미국으로 갔다는 거죠.

그런데 미국에 가서 첫날인가 둘째 날인가 숙소의 주인을 만나서 식사를 했는데, 그때 진로를 확 바꾸게 됩니다. 밥을 먹는 자리에서 '푸에르토리코 이민자들이 너무 많아져서 집값이 너무 올랐다'는 이야기가 나오고, 밥을 해주는 흑인 아주머니도 '푸에르토리코 난민들 때문에 할렘에서도 나가야 한다'고 푸념을 하는 걸 들은 거죠. 이때 일리치에게 어떤 깨달음이 왔어요. 푸에르토리코 이민자들이 있는 교구에 가서 교구 활동을 해야겠다는 깨달음이었죠. 그래서 그길로 푸에르토리코 이민자들이 모여 있는 곳에 가서 첫 신부 생활을 합니다. 쉽게 짐작할 수 있겠지만 당시 뉴욕에 갓 이민 온 푸에르토리코 이민자는 사회적으로 가장 열악한 조건에 놓여 있겠죠. 그렇게 열악한 상황에 놓인 푸에르토리코 이민자들이 스스로를 돕는 커뮤니티를 만들 수 있게 돕습니다. 교구 신부님으로 미사만 집전하고 그랬던 것이 아니었죠. 활동가로서 상당한 활약을 하면서 5년 만에 성당을 부흥시킵니다. 능력을 보여 준 거죠. 그래서 로마에서 칭찬을 하면서 미국령 푸에르토리코 섬에 있는 푸에르토리코 대학의 부총장으로 임명을 하고, 이때부터 일리치의 남미 생활이 시작됩니다.

대안을 꿈꾸다

이렇게 일리치가 대학의 부총장 자리에 있다 보니까, 지금 식으로 이야기하면 인재개발원 같은 곳의 회의에도 참석하게 되었는데요. 1960년대는 유엔을 중심으로 가난한 나라들, 소위 제3세계 국가들을 개발하는 데 중점을 두던 시대였습니다. 가난한 나라의 엘리트들도 선진국의 원조를 받아서 발전을 다짐하던 시대였던 거죠. 그 첫번째 과제가 학교를 많이 만들어서 문맹률을 낮추는 것이었습니다. 일리치가 참여했던 회의가 그런 정책을 논의하는 자리였던 건데요. 일리치는 그런 회의에 참석하면서 개발, 성장, 이런 가치들에 대해서 새로운 질문을 던지게 됩니다. 개발이나 성장이 무엇을 말하는 것인지, 그런 가치들이 인간의 구체적인 삶과 그 인간이 속한 구체적인 커뮤니티에 어떤 영향을 미치는지, 이런 질문을 하게 된 거예요. 그리고 이런 질문들과 함께 일리치의 파란만장한 고난의 삶이 시작됩니다.

1959년에 쿠바혁명이 성공했고요. 그와 맞물려서 1960년에 케네디가 대통령에 당선되고, 1961년에 '진보를 위한 동맹'이라는 것이 만들어집니다. 북미의 신부와 수녀, 혹은 가톨릭 신자들을 남미에 파견해서 우물도 만들고, 학교와 병원도 세우면서 남미가 공산화되는 걸 막고자 계획을 세우거든요. 로마교황청이 여기에 적극 호응했고요. 그런데 이미 푸에르토리코에서 개발은 더 이상 좋기만 한 것이 아니었다는 것을 일리치가 깨달은 겁니다. 이걸 깨닫고는 일리치가 멕시코에 랭귀지스쿨 같은 것, 정확하게는 '문화교육문헌 자료센터'(CIDOC)라는 것을 만듭니다. 아, 이때 일리치는 이미 푸에르토리코에서 그곳 주교들과 불화해서 쫓겨나 멕시코로 건너가 있었어요. 신부나 수녀 같은 사람들이 남미로 봉사를 가

Local Priest to Serve College in Puerto Rico

Blackstone Studio
The Rev. John Illich

A Roman Catholic priest who is an authority on Puerto Rico has received a leave of absence to serve as vice rector of the Catholic University of Puerto Rico, Cardinal Spellman announced yesterday.

The Rev. John Illich will develop a public relations program for the university and a plan for coordinating spiritual care for those migrating between the island and the mainland.

At present, Father Illich is an assistant at the Church of the Incarnation, St. Nicholas Avenue and 175th Street. He directed the preparation of a documentary volume, "The Report of the Conference on the Spiritual Care of the Puerto Ricans."

일리치의 푸에르토리코 대학 부총장 취임을 보도한 『뉴욕타임스』(*New York Times*) 1956년 4월 25일자 기사.

려면 스페인어를 배워야 하잖아요. 그래서 봉사하려는 사람들에게 스페인어를 가르치는 학교 같은 걸 일리치가 만들었는데, 그 학교에 가서 스페인어를 배운 사람들이 남미로 가지 않는 겁니다. 미국으로 다시 돌아가서 오히려 이런 식의 정책이 왜 문제가 있는지에 대해서 이야기를 하는 거예요. 그래서 교황청에서도 싫어하고 당연히 미국에서도 싫어하게 된 거예요.

이런 식으로 일리치가 교황청에 반하는 입장에서 활동을 하다 보니까 교황청에서 소환을 합니다. 그래서 이반 일리치가 42세 되던 해인 1968년에 소환되고 심문을 당합니다. 자료를 보면 어두컴컴한 지하로 내려가서 심문을 받았다고 나오는데요. 복면을 쓴 심문관이 "당신은 신부가 맞습니까?" 이런 모욕적인 질문을 하기도 하고 그랬다는 거예요. 그래서 일리치는 대답을 하지 않고 뛰쳐나와서 심문절차 자체를 거부합니다. 결과는 파문이죠. 스스로의 마음으로 신앙을 내려놓은 게 아니라 제도가 임명한 신분증을 내려놓은 겁니다. 이렇게 가톨릭 제도에서 나온 일리치는 멕시코에서 대안대학을 만들어서 사람들하고 같이 세미나를 합니다. 건물에 다 들어가지 못

할 정도로 사람들이 많이 몰렸다고 해요. 미국이나 유럽에서 온 신부와 수녀, 가톨릭 신자들과 남미에서 온 사람들이 같이 공부를 하는 거예요.

나중에는 누구나 그 마당에 자기가 하고 싶은 세미나를 적어 붙여 놓기도 하고 그랬다는 거예요. '6회, 5달러'. 이런 식으로 적어 놓으면 사람들이 신청을 하고, 재미가 없으면 안 가도 되고, 이런 식으로 했다는 거죠. 일리치의 저서들이 상당히 많고 한국어로도 많이 번역이 되었는데요. 이반 일리치의 이름으로 나온 1970년대 저서들은 대부분 전형적인, 한 명의 저자가 쓴 단독 저서가 아니에요. 앞에서 말했던 대안대학에서 세미나나 포럼 같은 걸 열고 그 내용을 기반으로 소책자를 낸 것들이 대부분입니다. 『깨달음의 혁명』(1970), 『학교 없는 사회』(1971), 『성장을 멈춰라』(1973), 『행복은 자전거를 타고 온다』(1974), 『병원이 병을 만든다』(1975) 같은 책들이 이때 나왔습니다. 이반 일리치는 자신이 '무슨 거대한 사상 같은 걸 갖고 있지 않다', '거대한 주의 같은 걸 갖고 있지 않다'고 이야기를 했습니다. 그리고 어느 누구도 자기가 말한 것을 정답으로 생각하지 않았으면 좋겠다는 이야기도 했고요. 그래서 자기의 책을 '팸플릿'(pamphlet)이라고 불렀어요. 팸플릿은 예전에 프랑스 혁명 때 나왔던 소책자 같은 걸 말합니다. 장 자크 루소 같은 사람이 길거리에서 뿌렸던 것도 팸플릿이라고 하는데요. 일리치가 자신의 책들을 이렇게 부른 건 이 책들이 아주 잘 만들어진 체계에서 나온 사유라기보다는 현장에서 만들어졌다는 것을 강조하려는 의미도 있었던 겁니다.

한국에서는 일리치의 『누가 나를 쓸모없게 만드는가』라는 책을 가수 이효리가 읽어서 화제가 되었었죠. 한국어 제목도 잘 지었는데, 원제는 'The Right to Useful Unemployment: And Its Professional Enemies'입니다. 고용되지 않을 수 있는 권리를 주장하는 내용이죠. 고용이 되면 쓸모 있게(useful) 살 수 없다, 곧 효용감과 만족감을 느낄 수가 없다는 겁니다. 내가 나의 삶에 효용감을 느끼려면 고용되지 않은 상태여야 한다는 거예요. 그리고 그 반대쪽에 소위 전문가들이 서 있어요. 그런 전문가들에 의해 만들어진 특정한 '노멀'을 위해서 살지 않을 수 있는 권리가 필요하다는 거죠. 이런 책을 이효리가 읽었다고 하네요. 참 멋진 연예인인 것 같아요.

1976년 일리치는 스스로 멕시코의 대안대학 문을 닫습니다. 이미 남미에서 20년을 보낸 후였죠. CIA의 탄압도 있었지만 그보다 일리치 스스로 자신이 '주크박스'가 된 것 같은 느낌을 받았다고 합니다. 인생의 전환기가 온 거겠죠. 남미를 떠나 서양문명을 낯설게 보기 위해 동남아시아를 도보로 여행합니다. 그리고 근대문명이 형성된 서양 중세, 특히 12세기를 고고학적으로 탐구합니다. 그러다 보니 이상주의자, 낭만주의자, 복고주의자라는 비판도 많이 받게 되죠. 이 시기 일리치는 스타라기보다는 스캔들 메이커에 더 가까웠어요.

일리치는 그렇게 살다가 1992년에 암 선고를 받았어요. 그런데 일체의 항암 치료를 거부합니다. 이반 일리치가 의료를 모두 거부하는 근본주의자거나 고행승은 아니었어요. 암 치료를 거부한 것은 일단 암 치료를 받는 순간 자기는 암 환자로 살게 되기 때문입니다. '그렇게 살고 싶지 않다'라는 이유가 있었던 거고요. 또 하나의 이유는 방사능 치료를 포함한 현대 의료의 목표는 고통을 삭제하는 것이었기 때문입니다. 현대 의학에서는 고통은 없으면 없을수록 좋은 것이라고 생각한다는 거예요. 그런데 일리치는 이렇게 생각하는 거죠. '고통이 없는 것이 정말 좋은 삶인가?' '육체적 고통이 없을수록 좋다고 하는 것이야말로 이상한 발상 아닌가?'라고 말이죠. 일리치가 생각하기에 오히려 고통이 있으면 내가 내 몸에 붙은 고통을 주는 것과 어떻게 관계를 맺고 살아가야 하는가에 대해서 생각을 하게 된다는 거예요. 그렇게 고통을 어떻게 볼 것인가가 바로 어떻게 살 것인가의 문제라는 거고요. 그런데 현대 의학은 '고통은 없을수록 좋다'라고 만들어 버림으로서 고통과 삶에 대해서 사유하지 못하게 한다는 거예요.

그래서 우리는 고통에 대해 사유하지 않고, 나아가 죽음에 대해서도 더 이상 사유하지 않아요. 이반 일리치는 그게 너무 이상하다는 겁니다. 이런 이유로 일리치는 암 치료를 거부하고 환자가 아닌 방식으로 10년을 더 살다가 2002년에 세상을 떠납니다. 물론 근본주의자는 아니기 때문에 이가 아프면 치과에도 갔어요. 그리고 탈장으로 수술도 하고 했지요. 병원에 대해 새롭게 생각을 한다고 해서 병원에 절대 안 가고 수술 같은 것도 안 받겠다, 이렇게 생각할 필요가 없다는 겁니다. 그리고 통증을 완화시키기 위해서 여러 조치들을 합니다. 찜질 같은 요법을 쓴다거나, 생아편 성분이 있는 약초를 심어서 이용하기도 했습니다. 다만 현대 의학이 일률적으로 제시하는 통증 완화치료, 즉 '통증은 무조건 감소하는 것이 좋다'라는 명제를 거부했을 뿐인 거죠.

이반 일리치는 암에 걸린 지 10년 만인 2002년에 눈을 감았습니다. 하지만 일리치를 과연 암 때문에 죽었다고 할 수 있을까요? 일리치는 평생 자율적인 인간으로 살기를 원했습니다. 동시에 이웃을 환대하고 그들과 함께 사는 삶을 꿈꾸고 실험했습니다. 제가 좋아하는 구절 하나를 말씀드릴게요. 일리치의 삶을 요약한다고 볼 수 있는 문장이에요.

> 내 인생의 길은 우정의 길이었다… 서로에게 늘 충실하며, 우정이 없었더라면 서로에게 불가능했을 존재 형식에 버팀목이 되어 주는 것, 바로 그것이야말로 내가 살아온 길이다. 이반 일리치·데이비드 케일리, 『이반 일리치의 유언』, 이민열·서범석 옮김, 이파르, 2010, 246쪽

『성장을 멈춰라』와 공생의 도구

일리치의 삶에 대해 정말 간략하게 살펴보았는데요. 이제부터는 『성장을 멈춰라』(*Tools for Conviviality*, 1973)라는 책을 중심으로 일리치의 핵심적인 사상에 대해 설명을 드리려고 합니다. 이 책은 2004년에 '성장을 멈춰라'라는 제목으로 한국에 번역이 되었고, 2010년에는 '절제의 사회'라는 제목으로 번역되어서 나왔어요. 근데 지금 두 번역본 모두 절판이에요.

일리치의 책이 신기한 것이 번역이 되어서 나오면 얼마 안 있어서 절판이 됩니다. 중쇄를 찍으면서 베스트셀러가 된 적이 없어요. 그런데 또 얼마가 지나면 누군가에 의해서 또다시 번역되어서 책이 나옵니다. 그런데 이 책도 곧 절판이 되고요. 전 한국에서 일리치의 책이 이렇게 절판과 번역을 반복하는 것이 되게 상징적인 것 같아요. 이반 일리치가 메이저 사상가도 아니고, 남미를 중심으로 활동한 마이너라는 독특함이 있어요. 그래서 결코 베스트셀러가 될 만한 사람은 아닙니다. 그렇지만 누군가는 또 끊임없이 이반 일리치를 찾는다는 거예요. 눈 밝은 사람들에게

일리치의 책들은 절판과 복간을 반복하면서도 한국사회에 꾸준히 소개되고 있다. 이렇게 계속해서 번역·재출간되는 것은 누군가 계속해서 이반 일리치를 필요로 하고 있다는 방증이 아닐까? 일리치의 *Tools for Conviviality*는 2004년 미토출판사에서 『성장을 멈춰라』라는 제목으로 출판되었다가 곧 절판되었고(왼쪽), 이후 2010년에 『절제의 사회』라는 제목으로 생각의나무 출판사에서 다시 나왔지만(오른쪽), 현재는 절판된 상태이다.

이반 일리치가 계속해서 새로운 영감을 준다고 생각합니다. 그래서 세대가 바뀌어도 절판과 번역을 반복하면서 책이 나오고 있는 것 같고요.

한국에서 '성장을 멈춰라', 혹은 '절제의 사회'라고 번역되었던 이 책의 영문 제목은 'Tools for Conviviality'입니다. 'tools'는 도구를 말하죠. 어떤 도구냐면 'conviviality'를 위한 도구라는 겁니다. 이 'conviviality'라는 단어는 이반 일리치만의 용어입니다. 스페인어에서 유래한 단어라고 하고요. 일리치는 이렇게 이상한 용어를 많이 써요. 그래서 『뉴욕타임스』 같은 데서 이반 일리치에게 기고를 부탁해서 받았는데, 데스크 편집자들이 "단어가 너무 어렵습니다. 모든 사람이 알아들을 수 있는 단어로 수정해 주세요"라고 요청을 했대요. 그런데 편집자들의 이런 요구야말로 이반 일리치가 경계한 거였습니다. 낯선 단어를 통해서 지금 우리가 당연하다고 여기는 것들에 대해 질문해야 한다는 것이 일리치의 생각이었는데요. 많은 사람들이 쉽게 떠올릴 수 있는 어휘를 이반 일리치는 '플라스틱 낱말'이라고 이름을 붙이고 경계를 했던 거였죠.

예를 들어서 학교, 교육, 건강, 이런 단어들은 누구나 다 쓰면서 당연하게 생각하고 있지만 플라스틱 낱말이라고 이야기를 하거든요. 의미가 없다는 거죠. 아무렇게나 가져다가 막 사용하는 단어들이라고 생각했고, 따라서 그런 단어들은 가능하면 안 쓰려고 했던 겁니다. 그러다 보니 일리치는 주류적인 사상가가 되지 못한 것도 같아요. 사람들이 다 아는 단어들을 가지고 이야기를 해야 되는데, 그런 게 아니었으니까요. 『성장을 멈춰라』라는 제목으로 번역된 한국어 번역본에서는 'conviviality'를 '공생'이라고 번역을 했어요. 그래서 원서 제목을 '공생을 위한 도구'라고도 옮길 수 있을 것 같아요.

이 책의 서문에서 일리치가 뭐라고 했냐 하면, '산업사회의 에필로그'로 이 책을 썼다고 합니다. 이 책이 1973년에 나온 책이니까, 벌써 50년 가까이 된 책이잖아요. 그런데 이 책으로 산업사회를 마감하고 다른 종류의 삶에 대해서 생각해 보자는 거예요. 우리가 일리치 말을 안 들어서 50년 동안 최악의 에필로그를 겪고 있는 것일지도 몰라요. 어쨌든 이 책에서 일리치는 '도구'에 주목하고 있습니다. 이반 일리치가 말하는 '도구'는 망치나 드라이버 같은 아주 간단한 도구부터, 방적기나 공장과 같은 기계, 건물 같은 것까지도 포괄하는 용어입니다. 우리가 흔히 기술, 테크놀로지라고 이야기하는 것들, 혹은 장치나 제도라고 이야기하는 것들까지 다 포함하는 거예요. 그러니까 학교도 도구고, 고속도로도 도구고, 결혼도 도구예요. 사랑을 하기 위한 근대적 도구는 일부일처제의 결혼이라고 보는 거죠.

생산적 도구와 반(反)생산적 도구

그렇다면 일리치는 왜 '도구'라는 개념을 들고 나왔는가를 살펴봐야겠죠. 그 의의는 전통적인 좌파와의 차이라는 점에서 살펴볼 수 있을 것 같아요. 전통적인 좌파는 기술의 발전이나 도구의 선진화 같은 걸 비판하지 않았어요. 그들이 문제 삼는 것은 계급이었죠. 일리치가 말하는 '도구'를 마르크스의 용어로 바꾸면 생산수단 같은 거죠. 전통적인 좌파는 생산수단의 성격을 크게 문제 삼지 않았습니다. 다만 이 생산수단을 누가 소유하고 있는가를 문제 삼는 거예요.

자본가나 부자만 이걸 가지고 있는가? 아니면 모든 사람들이 함께 소유할 수 있는가? 이런 것이 좌파가 정치적으로 문제의식을 가졌던 지점이었습니다.

가령 학교에 대해서는, 학교가 나쁜 게 아니라, 귀족 학교에서 자본가들만 좋은 교육을 받는 것, 그런 교육의 혜택을 부자들만 독점하는 게 문제라고 보는 거죠. 그러니까 공립학교로 만들어서 모든 사람들이 이용하면 좋은 거라고 보는 거예요. 마찬가지로 비행기 같은 하이테크놀로지도 그 자체가 나쁜 게 아니라 요금이 너무 비싸서 소수만 비행기를 타고 다니는 것이 문제라고 보는 것이 전통적인 좌파의 시각인 겁니다.

그런데 이반 일리치는 '누가 소유하는가'가 문제가 아니라고 생각했습니다. 도구의 성격 자체가 어느 시점을 지나면 삶의 편의성을 증대시키는 것이 아니라 오히려 인간의 삶을 억압하는 것으로 변한다는 겁니다. 전통적인 좌파의 시각에서 보는 노동의 소외, 우울, 착취 이런 문제들이 생산수단의 소유 문제보다는 생산수단, 곧 도구 자체의 성격에서 비롯된다고 보는 거죠. 이런 점에서 일리치는 기존의 사고 방식들과 많이 달랐습니다. 앞에서 일리치가 전형적인 지식인도 아니고 전형적인 혁명가도 아니라고 말씀을 드렸잖아요. 비슷하게 일리치는 우파로부터도 공격을 받고 좌파로부터도 공격을 받았어요. 그리고 나중에 페미니스트들도 일리치를 공격합니다. 어떻게 보면 굉장히 독특한 측면인 거죠.

일리치도 도구가 어느 시점까지는 생산적이라고 말합니다. 일리치는 첫번째 분수령과 두번째 분수령이라고 이야기를 하는데, 첫번째 분수령까지는 도구의 성격이 생산적이게 된다고 하는 거죠. 의료를 예로 들면, 현대 의료의 역사에서 1913년은 하나의 분수령이었다는 겁니다. 1913년이 되면 환자는 의과대학 졸업자를 치료사로 만날 확률이 50% 이상으로 높아진다고 합니다. 그 전까지는 몸이 아프면 자기 지역의 주술사에게 가거나 약초의사에게 갔다는 거고요. 제가 어렸을 때 팔이 자주 빠졌는데요. 그때 어머니는 정형외과가 아니라 접골원에 저를 데리고 갔습니다. 그러면 접골사가 팔을 잡고 우두둑 하면서 1, 2초 만에 빠진 뼈를 맞춰 줬지요. 제 동생들도 팔이 자주 빠졌는데 늘 그 접골원에 가서 뼈를 맞추곤 했습니다. 그런데 서양의 경우 1913년 정도가 되면 사람들은 주술사 대신에 병원을 더 많이 찾아가게 됩니다. 그러면서 근대적 의학의 담론과 기술들이 많은 것을 해결해 주게 되죠. 매독도 해결되고, 물도 깨끗해지고, 유아사망률도 낮아지고, 당뇨병 환자도 인슐린 처방으로 생명을 연장할 수 있게 됩니다. 적어도 그 즈음엔 병원 혹은 의학이라는 도구가 생산적 역할을 한 것이죠. 그리고 여전히 근대적 병원과 전근대적 의술체계는 어느 정도는 공존하고 있었습니다.

그러나 2차 세계대전 이후 모든 것은 변했습니다. 일리치가 두번째 분수령이라고 부르는 1950년대가 되자 접골원 같은 것은 다 사라지게 됩니다. 모든 일에 다 병원을 가게 되는 거죠. 목에 가시만 걸려도 다 병원에 가야 하는 거예요. 예전에 제 남동생의 친구가 의대를 다녔는데, 저희 집에 와서 밥을 먹다가 목에 생선 가시가 걸렸거든요. 그래서 저희 어머니가 "밥 꿀꺽해"라고 했더니 우리를 거의 야만인 보듯이 하면서, 바로 숟가락 놓고 병원에 가더라고요. 이렇게 되면 도구는 생산적인 게 아니고 반생산적이 되고, 그 도구가 수단이 아니라 목적 자체로 변합니다.

가령 도로는 우리가 잘 이동하기 위해서 생산적인 목적으로 만든 거죠. 그런데 언제부턴가 도로를 만드는 거 자체가 목표가 되잖아요. 모든 도구가 이런 방식으로 바뀐다는 거예요. 제가 멀지 않은 병원을 갈 일이 있는데, 걸어서 갔더니 50분이 걸리더라고요. 그런데 차로 가면 50분보다 더 걸리거든요. 게다가 주차장이 복잡하면 주차를 하는데도 30분이 넘게 걸리기도 합니다. 이렇게 도로가 많이 생기고 차가 많아졌어도 걷는 게 제일 빠른 경우가 종종 있습니다. 자동차, 고속도로, 주차장, 이런 게 다 도구인데 그 도구를 만들고 유지하는 데 사용해서 얻는 이점보다 더 많은 돈과 에너지가 쓰인다는 거예요. 이 시점이 도구가 반생산성이 되는 두번째 분수령인 겁니다. 이반 일리치는 각 사회에는 적절한 규모와 속도가 있는데, 어떤 도구가 너무 커지거나 너무 빨라지면 인간의 삶을 돕는 게 아니라 오히려 인간의 삶을 억압한다는 이야기를 하는 겁니다. 이반 일리치가 우리한테 주는 가장 큰 메시지예요.

지금 인류 전체가 엄청나게 과밀한 상태로 이런 크고 빠른 도구들의 도움으로 살아가고 있잖아요. 도

B137(commons.wikimedia.org/wiki/
File:Miami_traffic_jam,_I-95_North_rush_hour.jpg)

자동차, 도로, 주차장 같은 '도구'들은 우리의 삶을 더 빠르고 편리하게 해준다. 하지만 이런 도구들이 너무 커지거나 빨라지면, 그것을 이용하여 얻는 이점보다 그것을 만들고 유지하는 데 더 큰 비용과 시간이 들게 되고, 결국 그 도구들이 인간의 삶을 억압하기에 이른다.

시화 비율을 보면, 한국의 도시화 비율이 81.5%라고 해요. 전 인구의 81%가 넘는 사람들이 도시에서 모여 살고 있는 거죠. 코로나로 인한 팬데믹도 이런 과밀로 발생한 거잖아요. 이렇게 어마어마하게 인구가 과밀한 상태로 살고 있는데 코로나 같은 전염병이 안 생기기는 요행에 가까울 듯해요. 아까 비행기 요금이 비싸서 부자들만 이용할 수 있는 수단이었다고 했는데, 이제 어떻게 보면 정치적 좌파의 요망대로 대중화되었다고도 할 수 있죠. 천문학적인 비용이 드는 것은 아니니까, 많은 사람들이 타고 다닐 수 있게 되었죠. 그런데 그러다 보니 메르스 같은 경우 치사율이 굉장히 높았는데도 6주 만에 전 세계에 다 퍼졌거든요. 비행기 때문에 퍼진 거예요. 이렇게 빠른 속도로 우리가 이동하다 보니 팬데믹이 쉽게 일어날 수 있는 환경이 된 거죠.

코로나의 확산으로 인해서 최근에 다시 각광을 받는 영화가 있는데요. 「컨테이전」(contagion)이라고 하는 영화예요. '컨테이전'은 '감염'이나 '전염'이라는 뜻이죠. 이 영화의 메시지는 '아무것도 만지지 마라', 언택트입니다. 만지면 목숨을 잃을 수도 있는 거죠. 그런 상황이 너무나 공포스럽게 묘사가 되어 있는 영화인데요. 이 영화에서 전염병의 첫번째 감염자가 다국적회사 직원입니다. 동남아 일대에서 산림을 깎아서 개발을 하는 회사의 직원인데요. 이런 개발로 박쥐의 서식지가 파괴됩니다. 그래서 박쥐가 사람들이 사는 마을의 돼지우리로 오게 된 거죠. 돼지우리에서 박쥐가 바나나를 먹다가 떨어트리고 그걸 돼지가 먹고, 그 돼지를 잡아서 요리를 한 거죠. 그런데 다국적회사 직원이 홍콩으로 출장을 가서 한 음식점에서 그 돼지고기 요리를 먹어요. 그리고 너무 맛있다고 셰프를 불러 악수를 하죠. 그렇게 첫번째 감염자이자 슈퍼전파자가 되는 겁니다. 코로나 이전에 만들어진 영화인데, 굉장히 시사적이죠.

코로나 바이러스의 1차 숙주가 박쥐라고 이야기를 하죠. 그리고 중간 숙주는 천산갑이라고 하고요. 그런데 이런 야생동물을 먹는 게 야만적인 풍습만이 아니라는 거예요. 오히려 문명화의 풍습라고도 할 수 있다는 겁니다. 먹을 게 없어서 야생동물을 먹는 게 아니고, 엄청난 부자들이 부를 과시하는 방법 중 하나로 듣도 보도 못한 야생동물을 먹는 미식을 한다는 겁니다. 유럽의 한복판에도 그런 식당들이 생겼다는 거예요. 이렇게 하고도 코로나가 안 생기기를 바라는 건 인간이 너무 뻔뻔한 거죠.

공생적 도구와 조작적 도구

다시 정리를 해보자면, 도구가 어느 시점까지는 우리의 삶을 굉장히 활기차게 해준다는 거예요. 생산성을 높이고 삶의 질을 개선해 주죠. 일리치는 이런 도구를 '공생적 도구'라고 합니다. 영어로는 'Convivial Tools'입니다. 'Convivial'은 '함께'라는 뜻의 'com'(con)과 '살다'라는 뜻의 'vivial'이 합쳐진 단어로 일리치가 의식적으로 고른 개념입니다. 일리치는 '공생', 즉 'convivial'을 사람과 사람 사이 그리고 사람과 환경 사이의 자율적이고 창조적인 상호작용을 뜻하는 말로 써요. 산업사회를 넘어 새롭게 대두할 미래사회의 비전을 함축하는 단어이기도 하고요. 그리고 이것에 대비하여 두번째 분수령 이후의 도구, 수단이 아니라 목적이 되어 버린 도구를 '조작적 도구', 영어로는 'Manipulative Tools'라고 합니다.

이때 '조작'이라고 하는 건 삶의 물리적 측면뿐만 아니라, 욕망까지도 포함합니다. 언제부터 우리 여성들의 욕구는 44사이즈가 됐을까요. 너무 이상하잖아요. 이런 식으로 특정한 방식으로 사람들의 삶을 어떤 프로세스나 기준 속으로 가둬 버린다는 거죠. 여덟 살이 되면 무조건 학교를 가야 된다, 대학을 졸업하면 취직을 해야 사회생활을 할 수 있다 등등. 근대는 이런 고정된 프로세스를 통해 삶을 조작하는 시대입니다. 이런 조작적인 도구를 쓰는 사회에서는 사람들이 '학교에 가는 것만이 가치가 있다'라고 생각하게 되는 거고요. 그래서 이런 사회에서 학교를 안 가는 것은 굉장한 결여로 느껴지는 거예요. 학교를 가지 않으면 내가 모자란 걸로 느껴지는 거죠. 그리고 그 기준도 예전에는 초등학교만 나오면 된다는 시대도 있었는데, 지금은 대학교가 기본처럼 되었잖아요. 모든 사람이 대학을 가야 인간 구실을 할 수 있다고 느끼게 되는 거죠.

그런데 일리치의 책은 이런 시대가 되었으니 '학교를 없애자'거나, '학교가 나쁘다'라고 주장하는 게 아닙니다. 이반 일리치는 학교에 가는 것만이 가치 있는 게 아니라 학교에 가지 않는 것도 가치가 있다고 이야기를 합니다. '자기 가치화'라고 할까요. 내 삶에서 가치가 있는 것은 내가 결정할 수 있다는 태도인 거예요. 그리고 전문가에 의해서 만들어진 어떤 사회적 표준에 입각해서 사는 게 아니라 우리 스스로 우리의 삶을 활기차게 살기 위해서 도구를 함께 만들 수 있다고 생각합니다. 이렇게 공생적이고 자율적인 삶이 가능하다는 거죠.

우리는 살면서 배우고, 활동하고, 병이 났다가 나았다가 하잖아요. 그러니까 우리는 배우는 것, 병이 낫는 것, 내가 가고 싶은 곳을 갈 수 있는 것, 이런 것들을 원한단 말이에요. 또 요즘은 살고 싶은 곳에서 사는 것도 중요한 쟁점이죠. 이런 문제들에 대한 해답이 전문가에 의한 정책의 문제로 수렴된다는 거죠. 가령 '(어디에) 산다'라는 문제는 아파트를 어떻게 공급할 것인가의 문제로 바뀐 거잖아요. 다른 것도 마찬가지입니다. 전문가나 정책 당국자에 의해 '어떻게 학교를 더 많이 만들 것인가?' '어떻게 공공병원을 더 많이 만들 것인가?' '어떻게 더 넓은 도로를 만들까?' 이런 식으로 접근하게 된다는 거죠. 그런데 일리치는 그렇게 접근해서는 우리의 삶이 좋아지지 않는다는 거예요. 어느 규모를 넘어가면 역치를 넘기 때문입니다. 그래서 이반 일리치의 용어로 리툴링(retooling)이 중요합니다. 도구를 재배치하는 거예요. 삶의 편의를 증진하고 좋은 삶을 살기 위해서는 도구가 있어야 합니다. 그렇다면 도구를 우리가 다시 재배치, 재도구화해야 한다는 거죠.

좋은 삶, 버내큘러와 커먼

앞에서도 말씀드린 것처럼 1970년대 일리치의 문제의식은 '산업사회의 에필로그'를 끝내고 새로운 대안사회로 진입하는 것이었어요. 그러기 위해서는 강도 높고 규모가 크고 속도가 빠른 도구, 즉 학교, 병원, 대규모 수송체계 같은 조작적 도구를 공생적 도구로 바꿔 내는 것이 급선무였습니다. 그와 관련하여 나중에 이반 일리치는 두 개의 개념을 더 소개합니다. 하나는 '버내큘러'라는 단어이고요 또 하나는 '커먼'이라는 단어입니다. 둘 다 낯설지요?

우선 버내큘러, 영어로는 vernacular라고 씁니

다. 이건 라틴어에서 온 말이래요. 로마에서는 기원전 500년에서 기원후 600년까지 집에서 만들거나 집에서 키우거나 혹은 하천이나 산림 같은 공유지에서 얻은 것들, 시장에서 사고팔지 않지만 자기 삶에서 가치가 있는 것들을 일컫는 말이었대요. 우리나라에서는 '토착적'이라고 번역되기도 하고 '토박이'라고 번역되기도 해요. 그런데 그러면 저는 자꾸 '신토불이'가 떠올라서 그런 단어보다는 '문화적으로 고유한'이라고 번역하는 것을 더 좋아해요.

그러니까 버내큘러라는 단어가 의미하는 것은 사회적 명령(대학을 졸업해라, 좋은 직장에 취직해라, 돈을 많이 벌어라, 몸짱이 돼라)과는 다른 선택을 하는 것을 의미합니다. 돈을 좇는 일이 아니라 기쁨과 보람을 주는 일을 찾고, 기존의 직장에 취직하려고 애쓰는 대신에 새로운 일들을 창조하고, 쇼핑과 여행보다 산책하고 사색하는 삶을 기꺼이 선택하는 거지요. 물론 이런 것들도 언제나 새로운 트렌드가 될 수 있으니까 유의해야 해요. 핵심은 어떤 고정된 삶의 유형이 아니라 버내큘러라는 태도입니다. 우리는 누구나 자기에게 가장 좋은 삶을 생각하고 숙고하고 창조

Tkn20(https://commons.wikimedia.org/wiki/File:Yurt-construction-3.JPG)

에스키모의 얼음집 이글루(위)와 몽고의 천막인 게르(아래). '버내큘러'라는 말은 이글루나 게르처럼 '문화적으로 고유한 양식'을 가리키는 말이다. 일리치는 근대가 강요하는 일률적 삶에서 벗어나 자기에게 가장 좋은 삶의 방식을 숙고하고 창조하기 위해서 '버내큘러'의 태도를 가져야 한다고 강조한다.

할 수 있다는, 그런 접근 말입니다.

그다음 커먼(common)이라는 단어를 살펴봅시다. 이건 중세부터 이어져 온 영어 낱말이랍니다. 서구의 중세에는 관습적으로 자기 소유가 아닌 곳, 예를 들면 길, 하천, 삼림 같은 곳을 자신과 집안의 생계를 위해 사용할 수 있는 권한이 있었다는 거죠. 중세 영국까지 가지 않아도 드라마 「응답하라 1988」에 나오는 쌍문동 골목 같은 게 그런 공용공간이죠. 누구나 나와서 평상을 만들어 놓고 콩나물을 다듬거나 이웃과 수다를 떨거나 혼자서 쉴 수 있는 곳. 심지어 더운 날 밤에는 돗자리를 깔아 놓고 야외취침도 하고요. 그런데 점점 그런 공용공간이 사라집니다. 골목은 개발되고 모든 공간의 사유화가 진행되지요. 환경은 이제 커먼이 아니라 부가가치를 창출할 수 있는 '자원'이 되어 버립니다. 일리치는 미래 대안 사회를 위해서는 남아 있는 커먼을 방어해야 하고 나아가 새로운 커먼을 창조해야 한다고 말하고 있습니다.

그러니 새와 벌레 소리를 들을 수 있는 적막을 사수해야 해요. 숲이 더 이상 개발되지 않도록 하고, 도시 안의 녹지도 유지해야겠죠. 임노동이 아닌 상태로 일할 수 있는 협동조합도 많이 만들어지고, 제가 몸담고 있는 '문탁네트워크' 같은, 학교는 아니지만 대중지성들이 모여 함께 지식을 생산하고 순환시킬 수 있는 인문학공동체도 더 많이 더 다양하게 만들어지면 좋겠죠. 이런 것들은 모두 조작적 도구가 아니라 공생적 도구니까요.

자, 이제 정리를 좀 해보죠. 우리가 지금 코로나를 두 가지 방향으로 극복을 하려고 하고 있는 것 같아요. 하나는 언택트를 메우는 디지털 기술이죠. 옛날처럼 모여서 텔레비전을 보는 것이 아니라, 작은 디지털 화면들로 각자 보고 싶은 걸 보잖아요. 그런데 또 많은 사람들이 똑같은 것을 보고 환호하고 즐거워할 수 있기를 바라죠. 많은 사람들이 비슷한 스펙터클 효과를 원한다는 겁니다. 물리적으로만 언택트인 거죠. 그런데 이런 걸 실현시켜 줄 수 있는 건 하이테크놀로지 디지털 기술을 보유하고 있는 자본입니다. 그런 기업이 아니면 어렵죠.

또 하나는 백신입니다. 사실 백신에 대해 좋아하거나 싫어해야 할 이유는 없습니다. 근본주의자들처럼 백신을 거부할 필요도 없고요. 고위험군에게 백신은 꼭 필요한 것이기도 합니다. 그런데 한편으로 인구의 과밀과 기술과 도구에 대한 맹신 때문에 발생했다고도 할 수 있는 문제(코로나19)를 해결하겠다면서 이걸 또 기술적으로 풀 수 있다고 생각하는 게 의아한 겁니다. 백신이 처음 풀렸을 때, 백신이 코로나 시대를 구원해 줄 구세주처럼 떠오르고 있더라고요. 그런데 '이렇게 가야 하는 건가?', '디지털과 백신 같은 하이테크놀로지 기술에만 의존하는 것이 바람직한가'를 생각해 봐야 하는 거죠.

이반 일리치는 이런 식은 아니라고 이야기하는 겁니다. 기술이 필요 없는 건 아니지만, 기술이 어떤 한계 효용을 넘으면 더 이상 생산적이지 않기 때문에, 그런 방식으로 기술이나 도구와 관계를 맺으면 안 된다고 이야기를 하고 있거든요. 그리고 우리 인간은 호모사피엔스사피엔스, 곧 '생각하는 인간'이기 때문에 우리에게 가장 적절한 기술이 뭔지 알 수 있습니다. 개인이든 공동체든 각각에 맞는 적정한 기술 규모가 있어요. 그리고 우리에게는 거기에 맞춰서 필요한 도구를 만들어 낼 수 있는 지성이 있습니다.

그런데 그러려면 먼저 반생산적인 도구의 플러그부터 뽑아야 하거든요. 그런 반생산적인 도구들로부터 먼저 거리를 두어야 하는 겁니다. 이렇게 거리두기를 하면서 우리가 함께 살아갈 수 있는 새로운 종류의 '공생'(convivia)의 사회를 꾸려 나아가야 할 텐데요. 우리가 그런 길을 갈지, 아니면 또다시 기술에 의존하는 사회를 넋 놓고 맞이할지 이런 기로에 서 있다고 생각을 합니다.

이렇게 첫번째 강의에서는 일리치가 누구인지, 그리고 일리치의 핵심적인 사유가 어떤 것인지를 살펴보았고요. 다음 두 번의 강의에서는 학교와 병원의 문제를 살펴보려고 합니다. 두번째 강의에서는 『학교 없는 사회』, 세번째 강의에서는 『병원이 병을 만든다』, 이렇게 두 권의 책을 가지고 말씀을 드리려 하고요. 이 책들에서 일리치가 말하는 것들을 살펴보면서 어떻게 학교 이후를 상상할 것인지, 그리고 어떻게 '병원'이 아닌 방식으로 우리가 삶과 죽음을 맞이할 수 있을지, 이런 이야기를 해보도록 하겠습니다.

첫번째 강의 Q & A

Q 도구를 만들 때는 인간을 억압하려고 만든 건 아니잖아요. 인간의 편의를 위해서 만든 거고, 인간의 시간을 해방시키고 자유를 주기 위해서 만든 걸 테고요. 그래서 일정한 한계를 넘으면 억압의 수단이 되니까 플러그를 뽑아야 한다는 일리치의 말이 맞는 것 같으면서도 그 편리를 어떻게 포기할 수 있을까 하는 의문이 듭니다. 점점 더 하이테크놀로지 쪽으로 갈 것 같다는 생각도 들고요.

A 맞아요, 편리한 것을 포기하는 것은 너무 어려워요. 아주 예전에 제가 세탁통과 탈수통이 따로 있는 2조(槽)식 세탁기를 쓰다가 통이 하나인 세탁기로 바꿨는데 너무 편해서 세계관을 바꿀 뻔했어요.

하지만 도구의 속도나 규모, 편의성이 어느 시점이 지나면 일리치가 이야기한 대로 반생산적이 된다는 것도 사실이에요. 일단 기술과 자유의 상관관계에 대해서 생각해 보죠. 우리는 보통 하이테크놀로지 기술이 인간의 물리적 노동시간을 줄이고 인간은 그렇게 남는 시간을 더 자유롭게, 창조적이고 예술적인 활동을 위해 쓸 수 있을 것이라고 생각하잖아요? 제가 2조식 세탁기로 세탁할 때와 달리 1조식 세탁기로 세탁할 때 세탁에 들이는 시간과 에너지가 줄어드는 것은 사실이니까요. 그런데 많은 연구에 따르면 그 시간은 창조적 활동을 위해 쓰이지 않고 또 다른 하이테크놀로지 상품을 개발하거나 고르는 데 사용된다고 해요. 빠른 도구를 통해 남는 시간을 더 빠른 도구를 만들거나 사기 위해 쓰는 거죠. 지금 우리가 그렇게 되지 않았나요? 딱 봐도 테크놀로지는 엄청 발달했는데 우리 삶이 더 여유 있어진 것은 아니잖아요? 요즘은 꼬마부터 할아버지까지 바쁜 것 같던데…. 뿐만 아니라 앞에서 이야기한 것처럼 기술 중독도 심각한 문제예요. 눈을 뜨고 제일 먼저 물 한 모금 마시면서 내 몸을 천천히 깨우거나 명상을 하면서 하루를 준비하는 사람은 많지 않을 것 같아요. 그보다는 머리맡에 있는 핸드폰을 집어서 뭔가에 접속하는 일을 제일 먼저 하지 않나요? 우리는 세상과 너무 빨리, 너무 깊이, 생각할 틈이 없이 기술적으로 연루되어 버렸어요.

그리고 거대 도구들이 인간을 포함하여 자연의 모든 것들을 참혹하게 파괴한다는 것도 사실이죠. 개발로 인해 습지가 사라지고 생물들의 서식처가 사라지는 일, 그래서 생기는 기상이변, 또 체르노빌이나 후쿠시마 같은 엄청난 재앙, 다 겪고 있잖아요?

그럼에도 불구하고 편의는 즉각적인데 도구의 반생산성은 즉각적이지 않아서 우리는 도구의 리툴링을 잘 하지 못하는 것 같아요. 그래서 저는 편리함을 넘어서는 문제를 개인의 고독하고 윤리적인 결단으로 만들지 말고 다 함께 하는 즐거운 일로 만들어 보자고 제안하고 싶어요. 뭘 포기하는 게 아니라 다른 뭔가를 해보는 거죠. 그리고 그걸 힙한 걸로 만드는 거예요. "우리 동네에서는 명품 옷을 입는 게 아니라 업사이클링한 옷을 입는 게 힙한 거야", 뭐 이렇게요. 이건 대안적 문화를 창조하는 거예요. 혼자서는 어렵지만 함께 하면 가능합니다.

Q 각자 혹은 각각의 공동체가 자신에게 적절한 도구의 규모를 알 수 있다고 말씀하셨는데요. 그 규모를 어떻게 알고 정할 수 있을까요?

A 그러니까요. 어려운 문제 같아요. 적절한 것이 어떤 규모인지는 몰라도 너무 큰 것은 문제라고 생각한 사상가들은 여럿 있었죠. 노자의 소국과민(小國寡民)이나 슈마허(Ernst Fridrich Schumacher)의 『작은 것이 아름답다』

(*Small is beautiful*) 같은 게 그렇겠죠. 하지만 이것 역시 객관적이고 물리적인 사이즈를 이야기하는 것은 아닐 거예요. 우리가 우리 삶의 방식을 스스로 결정할 수 있는 구조, 우리가 서로를 자연스럽게 돌볼 수 있는 공간과 시간의 배치, 이런 걸 의미하는 것 같아요.

제가 몸담고 있는 공동체의 예를 들어 볼게요. 저희는 처음에 9명으로 시작했는데 초기에는 50평 공간을 얻는 것에도 벌벌 떨었어요. 월세를 낼 수 있을까? 그 공간을 활동으로 채울 수 있을까? 모든 게 불확실했죠. 그런데 1년 지나고 2년 지나고 너무 잘 되는 거예요. 강의를 열어도 세미나를 만들어도 많은 분들이 접속하시고. 공간이 부족하더라고요. 그래서 몇 년 있다가 또 50평을 얻고 그 다음에 또 50평을 얻었어요. 사람도 많아졌고요. 그런데 어느 순간부터 우리가 우리 삶을 돌보는 데 시간을 쏟는 게 아니라 프로그램을 만들고 공간을 유지하는 데 에너지를 다 쏟고 있다는 것을 발견했어요. 모두의 피로도가 높아지고 서로에 대해 까칠해졌지요. 그러면서도 이게 정말 우리가 원하는 것이었을까, 라는 것을 생각할 시간조차 없게 되었죠. 어느 순간 공생적 도구로 시작했던 인문학공동체가 더 이상 공생적이지 않게 된 거죠. 지금 저희는 초심으로 돌아가서 다시 논의를 하는 중입니다. 좋은 삶을 위해 우리한테 가장 적합한 도구의 규모와 성격에 대해서 말입니다.

Q 정당도 '공생의 도구'로 리툴링(retooling)할 수 있을까요?

A 아, 안될 것 같아요. 원래는 정당도 정치의 도구로 출발하긴 했는데 왜 정당의 리툴링은 비관적으로 느껴질까요? 그런데 사실 정당의 역사, 그러니까 녹색당이나 진보정당의 역사를 보면 정당 자체를 공생의 도구로 바꾸려는 노력을 꽤 해왔어요. 선거 때만 모이고, 여의도만 바라보는 정당이 아니라, 당원들의 일상을 공유하는 정당을 지향하는 시도들이 있었죠. 정책을 당원들의 모임을 통해 아래로부터 발굴한다거나 이웃과 함께 시민의 윤리에 대해 학습한다거나 상부상조하는 일상을 공유하려는 노력을 했죠. 부분적인 성과도 있었던 것 같아요. 그런데 실감의 영역에 와서는 지지부진하게 느껴지죠. 혹시나 했다가 역시나로 끝나는 느낌….

하지만 여전히 정당도 공생의 도구라고 생각하는 정치인이나 시민이 있는 이상 새로운 시도가 나오지 않을까요? 저도 비관주의를 좀 버리고 그런 집단이 나오면 열심히 응원해야겠습니다.

2

두번째 강의

학교 없는 사회

공생적인
배움의 도구를
상상하기

두번째 강의

학교 없는 사회

: 공생적인 배움의 도구를 상상하기

학교의 역할과 뉴 노멀

이번 시간에는 팬데믹 시대에 학교란 무엇인지, 코로나 이후 학교와 교육, 그리고 배움은 어떤 것이 되어야 하는지에 대해 이반 일리치의 『학교 없는 사회』라는 책을 통해 살펴보려고 합니다. 우선 질문을 하나 던질 수 있을 것 같아요. 그동안 학교의 본연의 기능은 무엇이었는가? 당연히 '교육'이라고 답할 수 있겠지요. 그런데 코로나 시대가 되면서 다시 질문할 수밖에 없게 되었어요. 코로나로 인해 학교를 멈추면 무엇이 작동을 안 하는지가 여실히 드러났기 때문인데요. 이 강의를 준비하면서 신문 기사와 인터넷 자료들을 좀 살펴봤습니다. 그 자료들을 보면서 코로나로 인해 무엇이 멈추었는지를 함께 살펴보겠습니다.

우선 2020년 4월부터 5월까지 유니세프한국위원회에서 아동 청소년들을 대상으로 설문조사를 한 내용을 살펴보겠습니다. 코로나19로 인해 학교에 가지 못하고 집에 있는 시간이 길어지는 상황에서 아동 청소년들의 이야기를 들어 보기 위한 설문이었는데요. 이 설문 중에 '학교를 안 가니까 뭐가 제일 힘든가?'라는 질문이 있었다고 해요. 이 질문에 답한 아동 청소년 중 41%가 '친구와 편하게 만나기 어렵다'라고 대답을 했다고 합니다. '집에서 할 일이 없어서 지루하다'가 26%였고, '학습을 제대로 하지 못한다'라고 답한 건 20%뿐이었다고 해요.

또 다른 기사에서는 초등 돌봄교실에 대한 갈등을 다루고 있는데요. 초등학생 자녀들을 둔 직장 다니는 부모들한테는 방과후 교실이 굉장히 중요하죠. 이 방과후 교실이 지금은 교육부 소관으로 되어 있거든요. 그런데 이걸 지자체로 이관하려고 하는 거예요. 이 과정을 둘러싸고 논쟁이 한창인 모양입니다. 학부모들은 학교 안의 돌봄교실은 학교가 끝까지 책

임졌으면 좋겠다는 생각을 하는 거고요. 교사들은 이것에 반대하는 입장을 취하고 있는 거죠. 교사의 역할은 교육인데 돌봄까지 교사들에게 부과하는 거는 좀 무리가 된다고 이야기를 하면서 갈등이 있는 모양인데요. 교사들은 방과후 돌봄이 교사 본연의 역할을 벗어나는 거라고 생각하고 있는 것 같아요. 그런데 재밌게도 학부모에게 학교의 역할이 무엇이냐고 설문을 했을 때 '교육+돌봄+복지'라고 응답한 비율이 60%라는 거예요. 교육만 택한 비율은 11.8%였고요. 이런 관점 차이에서 논쟁이 벌어지고 있는 거죠. 그러니까 이 설문은 학교가 우리가 생각하는 본연의 교육기능보다 실제로는 청소년들의 커뮤니케이션 공간으로 작동하고 있었다는 것을 보여 줍니다.

우리가 또 생각해 봐야 할 것은 학교가 멈추면서, 더 정확하게 말하면 대면공간에서의 학교활동이 멈추면서 어떤 일이 벌어지고 있는가입니다. 또 다른 설문에 의하면 전체 학생의 68.8%가 학습목적으로, 또 46.7%는 학습 외 목적으로 미디어를 이용하는 시간이 증가했다고 합니다. 학교를 가지 않는 대신 자기 집 자기 방 자기 책상에서 컴퓨터나 스마트폰을

Phil Roeder(https://www.flickr.com/photos/tabor-roeder/50699892447)

코로나로 인해 빈 교실에서 온라인 수업을 하고 있는 교사. 코로나로 인해 변화된 교육환경은 우리에게 학교란 무엇이고 무엇이어야 하는지를 다시 한번 생각해 보도록 강제하고 있다.

들여다보고 있는 거지요. 줌으로 수업도 듣겠지만 많은 청소년들이 개인 미디어를 통해 넷플릭스를 보거나 틱톡을 하거나 게임을 즐기거나 유튜브에 '좋아요'를 누르고 있을 것이라고 충분히 짐작할 수 있습니다.

그런데 한 가지 문제가 있습니다. 얼마 전 화제가 되었던 「소셜딜레마」라는 다큐에서는 SNS의 중독성을 잘 보여 주고 있는데요. 밥 먹을 때만이라도 서로 대화를 하자고 해서 10대 자녀들의 휴대폰을 전부 걷어서 상자 안에 넣는데, 메시지 알림 소리가 계속 울리니까 참을 수가 없는 거잖아요. 결국은 망치로 부수고 자기 휴대폰을 가지고 와서 당장 확인을 하는 장면이 나옵니다. 이렇게 상당히 병리적인 중독 현상을 낳을 수도 있는데, 학교를 갈 수 없게 되면서 인터넷을 할 수 있는 미디어 기기의 사용량이 훨씬 더 늘어난 거죠.

팬데믹은 우리에게 많은 질문을 던지고 있죠. 우리는 앞으로 우리가 살던 대로 살지 못할 가능성이 큽니다. 그 중 학교가 가장 실감이 큰 영역이죠. 전쟁도 아닌데 학교가 멈췄으니까요. 그래서 우리는 아이들이 학교에 가서 수업을 받고, 방과후 교실에 참석하고, 운동장과 복도에서 친구들과 만나 어울리고…, 이런 게 전부 다 안 되고 있는 것이 가슴 아픕니다. 빨리 코로나가 종식되기를 바라는 마음 중에는 청소년들이 학교를 가고 아이들이 동네 놀이터에서 마스크를 쓰지 않고 놀기를 바라는 마음이 클 겁니다. 하지만 이전의 삶으로 돌아가기 힘들다면 우리는 학교 혹은 교육, 아니 배움의 경로에서의 뉴 노멀에 대해 생각해 보지 않을 수가 없는 거지요.

그런데 앞에서 비대면 수업이 청소년들의 미디어 사용시간을 증가시키고 이것이 어떤 중독을 일으킬 수도 있다는 말씀을 드렸잖아요? 그래서 많은 학부모와 교사들, 일반 시민들도 걱정을 하고 있죠. 그런데 또 한편으로 이러한 비대면 수업의 경험이 블록체인기술이나 AR, VR, 사물인터넷 기술 등 4차 산업혁명 기술을 교육에 도입하는 데 좋은 기회가 될 수 있다고 낙관하는 경우도 있는 것 같아요. 대단한 낙관이라는 생각이 드는데요. 그런데 교육에 대한 이런 식의 생각이 일부 전문가만의 생각이 아니더라고요.

2020년 9월에 교육부 차관 회의에서 코로나19

에 대한 교육 분야의 대응책이 발표되었는데요. 이 발표에서 대안으로 주요하게 제시된 것이 '한국형 원격교육 체계 수립'이었습니다. 세부적으로는 '원격수업 공공 플랫폼 고도화', '인공지능 교육정책 마련', 이런 것들이 제시되고 있고요. 이걸 보고 원격교육은 뭔지 알겠는데, '인공지능 교육정책'은 뭔지 감이 잘 안 잡히더라고요. 그래서 '인공지능 교육정책'으로 검색을 좀 해봤더니, 제일 먼저 뜨는 게, 인공지능이 교육혁신의 동력으로 부상하면서 엄청난 시장을 형성하고 있다는 내용이더라고요. 기존의 성인 교육에서 많이 쓰이던 전통적인 E-러닝, 원격교육 산업은 2016년에 556억 달러, 우리 돈으로는 61조 원 정도의 시장이었는데, 이게 빠르게 하락하고 있고, 그 자리를 인공지능 교육 혁신이 메우고 있다는 겁니다. 인공지능을 활용한 교육시장이 연평균 45%씩 고성장을 하고 있다는 거예요. 매출의 60%가 북아메리카에서 발생 중이고, 아시아·태평양 시장의 연평균 성장률도 51% 정도 된다고 합니다.

이야기가 길었는데요. 지금 교육 분야에서 코로나 이후의 뉴 노멀로 구상되고 있는 것들이 엄청난 하이테크놀로지 산업체가 교육을 제공하는 쪽으로 가는 것이라는 말씀을 드리고 싶었던 겁니다. 학교와 교육이 시장으로 넘어가고 있다는 생각이 정말 많이 들더라고요. 그러면서 개인 역량에 맞춘 교육을 하고, 개개인의 뇌를 분석해 그 사람에게 딱 맞는 소프트웨어를 만들어 제공한다는 발상을 하고 있는 거죠.

불평등을 확산시키는 학교

다시 코로나, 학교, 일리치 이야기로 돌아와 보죠. 이렇게 코로나와 함께 '학교는 교육을 하는 곳이다'라는 상식이 깨져 나가고 있는데요. 이반 일리치는 1971년에 이미 '학교가 교육을 하고 있다'고 하는 상식에 대해서 의문을 제기했습니다. 그때까지 당연스럽게 여겨져 왔던 '학교가 교육을 하는 곳', 그래서 너무나 필요하고 좋은 곳이라는 상식적 물음에 괄호를 치고, '학교는 도대체 어떤 곳일까?'라고 질문을 던진 거죠. 그 질문은 첫번째 강의에서 말씀드렸던 대로 푸에르토리코 정부의 교육위원회에 참가한 데서 시작되었습니다. 일리치가 푸에르토리코 대학교의 부총장으로 임명되었고, 푸에르토리코 정부의 교육위원회에 참여하게 되었는데요. 그 이전까지 일리치는 '취업률이 높아지는 것, 학교 교육이 확대되는 것은 좋은 일이다'라는 생각을 가지고 있었다고 이야기합니다. 물론 자신은 '학교 교육에 의존하지 않았고, 자기의 배움의 대부분은 학교 밖에서 일어난 것'이라고 이야기를 하면서도 교육과 일자리에 대해서는 소박한 믿음을 가지고 있었다는 거죠.

그런데 푸에르토리코 정부의 교육위원회에 들어가서 푸에르토리코의 교육 전체를 살펴보면서 이 믿음이 깨지기 시작합니다. 1950년 말에 푸에르토리코가 발전과 개발을 위해서 초등학교 의무교육을 5년으로 만들고 제도화를 합니다. 그리고 10년 동안 교육예산에 집중적인 투자를 합니다. 그렇게 10년이나 집중적으로 투자를 했는데, 그럼에도 불구하고 5년 과정을 끝까지 마친 아이들은 전체의 3분의 1뿐이었다는 거예요. 이런 걸 보면서 일리치는 질문을 하게 된 거예요. "도대체 이 제도는 사람들을 성공하도록 만든 걸까? 아니면 사람들을 구조적이고 체계적으로 탈락시키기 위해 만든 제도일까?" 그리고 "정말 이

제도가 사람들 사이에 평등을 확산시킬까? 아니면 불평등을 확산시킬까?" 교육에 대해 이런 근본적인 질문을 하기 시작한 거죠.

왜냐하면 5년 동안 이 아이들을 학교만 다니게 하려면 무상 교육으로 교육비를 안 받는 것만 가지고는 안 되는 거예요. 당시 가난한 아이들은 일찍부터 직업전선에 뛰어들잖아요. 부모와 일을 하고 돈을 벌고…. 그런데 그 아이들을 학교에 보내면 학교에 다니면서 드는 비용 외에도 그 아이가 일을 하지 않음으로써 생기는 집안의 경제적인 손실, 이런 걸 모두 감당해 주어야 하는 거예요. 국가가 이런 걸 다 해주지 않으면 입학한 아이들이 무사히 5년 과정을 마치는 건 사실상 불가능한 거죠. 그리고 그 학령기의 아동을 의무교육 기간 동안 한 명의 탈락자도 없이 끝까지 이수하게 만드는 건 푸에르토리코 같은 가난한 나라뿐 아니라 미국 같은 선진국도 불가능한 것이라고 일리치는 말합니다.

이렇게 학생들이 모두 의무교육을 마치는 것이 어려운 상황인데, 오히려 학교를 졸업하는 것이 사회적 표준으로 제시가 되니까 이걸 마치지 못한 사람은 그만큼 사회적 표준, 즉 노멀에서 멀어지게 된 거죠. 나는 초등학교도 못 마쳤다는 결여의 마음이 들게 된 거예요. 그래서 이 제도가 이전에는 없었던 무력감과 박탈감을 계속 생겨나게 한다는 겁니다. 그렇다면 학교 교육이 평등을 확산시키는 거라고 말할 수 있냐는 질문이 생기는 거죠. 그리고 사실 모두가 알다시피 학교는 피라미드 구조로 되어 있잖아요. 초등학교는 많이 다니지만 중·고등학교는 적고, 대학은 더 적잖아요. 그러니까 모든 사람이 원하는 만큼, 무상으로 교육을 받을 수 있어야 학교가 평등을 확산시키는 곳이라고 볼 수 있지만, 전 세계 어느 곳도 고등교육으로 올라갈수록 수가 줄어드는 피라미드 형태가 아닌 교육제도는 없단 말이에요. 그래서 학교가 생기면서 오히려 '나는 배움이 짧아'라는 자의식 같은 게 생기고, 이런 자의식이 무력감이나 자존감이 떨어지는 것과 연결이 된다는 겁니다.

또 하나 일리치가 푸에르토리코에서 주목했던 것은 학교가 일반적 의미의 교육을 하는 곳이라기보다는 '인적자원'의 개발을 위해 전문가들이 고안하고 기획한 구조라는 점입니다. 애당초 의무교육제도

이반 일리치(왼쪽)와 파울루 프레이리(중앙). 프레이리는 브라질의 교육학자로 20세기 민중교육학의 대표적인 사상가이다. 그가 쓴 『억압 받는 이들을 위한 교육학』(*Pedagogia do Oprimido*, 1968[통칭 『페다고지』])은 오늘날까지도 대안교육과 민중교육의 고전으로 읽히고 있다.

로서의 학교는 교육 기회의 평등을 확보하는 것이기보다는, 특정한 연령의 사람들을 법에 의해 일정 기간 학교에 보내서, 국가의 자격증을 획득한 교사의 지도하에 사회 각 분야의 소위 '전문가'들이 개발한 커리큘럼을 이수시키기 위해 전일제 수업을 하도록 하는 곳이라는 것이 일리치의 생각입니다. 실제로 일리치 당시의 푸에르토리코의 교육은 처음부터 인적자원 개발이라는 목적으로 전문가에 의해서 기획된 거였고요. 이건 사실 오늘날 우리나라의 교육도 크게 다르지 않다고 볼 수 있습니다. 우리나라 교육부의 이름도 한동안 '교육인적자원부'였던 적이 있죠.

이반 일리치는 푸에르토리코 교육위원회의 회의에서 처음으로 '인적자원'이라는 단어를 들었다고 이야기합니다. '인적자원'은 석탄을 개발해서 에너지로 쓰면 공장이 돌아가듯이 인간을 산업에 사용할 수 있는 자원으로 개발한다고 하는 관점이잖아요. 이에 대해 일리치는 '신조차 할 수 없는 일을 하겠다고 하는 교육학적 오만'이라고 보았습니다. 인간의 노동력을 고부가가치 상품으로 만드는 것은 공장에서 불량품을 골라내듯 학교에서 어떤 기준, 즉 의무교육 연수라거나 성적을 포함한 수행평가 기준에 못 미치는 학생을 골라내야 가능한 일입니다. 인간도 우등품/불량품으로 나뉘는 것이지요. 이반 일리치 입장에서는 용납할 수 없는 일이었던 거고요.

이렇게 일리치는 『학교 없는 사회』에서 첫째, 학교가 교육 기회의 평등을 위해 존재하는 것이 아니라, 인간을 고부가가치 상품으로 개발하는 데 있다는 비판을 하고 있습니다. 두번째로는 의무교육 제도와 함께 학교가 배움을 독점하게 된다는 점에 주목합니다. 학교 제도는 교육 기회를 평등하게 만드는 게 아니라 독점한다는 거죠. 의무교육 제도와 근대적 학교에서 우리의 삶과 앎은 분리되는데요. 더 이상 학교가 아닌 생활에서 배우는 것들은 유의미한 배움이 아닌 것이 되어 버립니다. 일터에서 일에 대해서 배운다거나, 친구들과 놀면서 노는 방법과 관계 맺는 법을 익히는 등 삶의 맥락 속에서 배우는 것들이 무의미한 것이 되어 버리는 거죠. 대신 정치, 경제, 사회 등등, 모든 것을 교과목을 통해서 배우게 됩니다. 예를 들어 자전거를 타다가 고장이 나면 자전거를 잘 아는 사람에게 가서 물어서 고치거나 하는 게 아니라 기술 과목에서 자전거의 구조를 배우는 것에서 시작하는 식인 거죠. 이런 식으로 모든 앎은 삶의 맥락에서 떨어져서 패키지화되고 모듈화된 정보 체계로 변환되는 겁니다.

사실 이렇게 배움을 학교에서 독점하는 것은 우리나라의 대안학교들에서도 마찬가지로 이루어집니다. 대안학교는 지식 교육만 해서는 안 되고 여러 가지 활동을 해야 한다고 하죠. 그러면서 농사도 짓게 하고, 놀이도 하게 하고 하는데, 사실 이것도 교육 프로그램인 거죠. 수업으로만 제공되는 겁니다. 옛날에는 공부를 하려면 사부를 찾아 다녀야 하고, 그 밑에 들어가서 배우다가 일정기간이 지나서 하산하라고 하면 또 다른 사부를 찾아가고 그랬는데, 이제 이런 식으로 숨은 고수를 찾아서 스승으로 삼는 일은 더 이상 일어나지 않는 거죠.

학교화된 사회

마지막으로 이반 일리치가 『학교 없는 사회』에서 주목하는 주제는 '가치의 제도화'입니다. 모든 가치가 제도화된 사회를 일리치는 '학교화된 사회'(schooled society)라고 이야기하는 거예요. 『학교 없는 사회』의 원 제목은 '디스쿨링 소사이어티'(Deschooling Society)인데, 학교화된 사회를 벗어나는 게 '디스쿨링 소사이어티'예요. 학교화된 사회에서는 모든 것이 단계로 나뉘고, 어떤 단계를 건너뛰고 다음 단계로 갈 수는 없는 거잖아요. 그런데, 그렇지가 않거든요. 제가 예전에 했던 이야기인데, '배움은 둥근 원과 같아서 어디서도 시작할 수 있지만 결국은 끝나지 않는다'라고 생각합니다. 사실 멕시코 사파티스타 투쟁으로 유명한 마르코스가 『마르코스와 안토니오 할아버지』라는 책에서 한 말을 가져다 쓴 것인데요. 원래의 문장은 "투쟁은 둥근 원과 같아서 어디에서도 시작할 수 있지만 결코 끝나지 않는다"라고 원주민들의 투쟁에 대해 이야기한 것입니다.

제가 '문탁네트워크'에서 학교 교육을 '짧게' 받은 수많은 청년, 청소년들과 함께 공부를 해봤거든요. 그런데 학교 진도에 맞춰 공부하지 않은 것이 전혀 문제가 안 돼요. 그러니까 학교 교육에서는 중학교 1학년에는 수학은 어디까지 배워야 하고, 지리는 어디까지 배워야 하는지가 정해져 있죠. 배우는 순서도 정해져 있습니다. 한국지리를 먼저 배운 다음 세계지리를 배우고, 인문학적 관점에서의 지리를 배우고, 이런 식으로 단계를 밟아 나가야겠지요. 그리고 이런 과정 역시 전문가에 의해서 고안된 거잖아요. 그런데 사실 배움은 그렇게 되지가 않아요. 역사에 대해서 몰라도, 그러니까 르네상스는 언제고, 프랑스 혁명은 언제고, 이런 것들을 몰라도 전혀 문제가 되지 않습니다. 이런 것을 몰라도 가령 어려운 철학자인 푸코를 읽는 데도 문제가 없어요. 푸코를 읽다가 '내가 세계사나 유럽사에 대해서 모르는구나'라고 생각을 하면 바로 그 순간부터 공부를 하면 되는 거예요.

'문탁네트워크'에서 공부하는 청년들이 실제로 그렇게 공부를 합니다. 푸코의 『사회를 보호해야 한다』라고, 굉장히 어려운 책인데 앞부분에 유럽의 역사가 나오거든요. 자기네끼리 스터디 그룹을 만들어서 커다란 지구본을 가져다가 돌리고, 세계지리책을 뒤져 가면서 스터디를 하더라고요. 문제가 없는 거죠. 그런데 학교가 배움을 독점하게 되면 공부하는

'문탁네트워크'의 세미나 현장. 학교화된 사회에서는 모든 것이 단계로 나뉘고, 하나의 단계를 건너뛰고 다음 단계로 바로 갈 수는 없다. 하지만 배움은 전문가들이 정해 놓은 단계대로 이루어지지 않고, 그럴 필요도 없다. '탈학교 사회'에서의 공부는 연령도 배경지식도 문제가 되지 않는다. 모르는 것이 나오면 그 순간부터 공부가 시작되기 때문이다.

것을 수업을 이수하는 걸로 착각을 하게 됩니다. 그리고 그런 방식이 익숙해지면 삶의 모든 영역이 그렇게 제도화된다는 겁니다. 우리가 추구하는 보편적인 가치들이 있잖아요. 건강이나 사랑 이런 가치들도, '건강해지려면 병원에 가야 해' 혹은 '누군가와 계속 사랑을 하려면 결혼이라는 제도에 안착해야 해'와 같은 착각이 일어날 수 있다는 겁니다. 이런 식으로 삶의 문제를 제도의 서비스를 이용하는 것으로 착각하게 된다는 거예요.

그렇게 전문가가 고안하고 기획한 제도와 서비스를 이용한다는 것은 동일한데, 그것을 국가에 의해서 만들어진 제도로서 무상으로 이용하느냐(복지국가), 아니면 돈을 주고 사야 하는가(신자유주의)가 주된 쟁점이 된다는 겁니다. 하지만 어떻게 이용하든 서비스로 삶의 문제를 해결한다는 실제 구조는 비슷한 거죠. 바로 이런 것을 이반 일리치는 '가치가 제도화된 것'이라고 이야기한 겁니다. 이제 우리는 스스로의 손발로 무엇인가를 하는 것보다는 전문가에 의해서 고안된 제도의 서비스를 이용하는 것을 더 좋은 삶이라고 착각하게 되었다는 거예요. 그리고 그런 서비스를 이용하려면 돈이 많이 들고, 오히려 그런 서비스를 이용하지 못하는 것을 결여로 생각하게 되었다는 거죠.

예를 들어 요즘은 60대도 치아교정을 하더라고요. 예전에는 특별한 경우, 가령 이가 부러졌다거나 할 때 치료 목적으로 하거나, 미용 목적이더라도 나이 든 사람들은 드물게 하는 거였는데, 요즘은 60대도 많이 한다고 합니다. 제가 아는 분도 교정을 해서 물어봤더니, 교정을 안 하면 나중에 부정교합이 되어서 이에 끼는 것도 많고 충치도 많이 생긴다고 하시더라고요. 이것이 현대의 의학 담론이에요. 이제는 교정을 하는 게 의학적 치료가 되는 거고 보편적 치료로 연결되는 거죠. 그런데 교정은 비싸니까, 이걸 못 받으면 사람들이 박탈감을 느끼고 국가가 의료보험으로 지원하라는 요청을 하게 될 수도 있겠죠. 그렇게 되면 사람들은 또 그 서비스를 당연히 이용하게 될 거고요. 바로 이런 사회를 일리치는 '학교화된 사회'라고 불렀습니다.

의례를 넘어

일리치는 바로 이런 '학교화된 사회'에 맞서 '학교 없는 사회', '탈학교 사회'를 주장한 겁니다. 일리치의 『디스쿨링 소사이어티』(*Deschooling Society*)가 우리나라에서는 세 번인가 네 번 다시 번역이 되면서 '탈학교 사회'로 번역되기도 하고 '학교 없는 사회'로 번역되기도 했습니다. 이 책에서는 앞에서 보았듯이 지금의 사회를 '학교화된 사회'라고 규정하고 거기에서 벗어나자는 주장을 하고 있습니다. 그러니까 학교를 모두 없애자는 주장을 하고 있는 게 아니에요. 의무화된 학교 제도, 그리고 이 학교 제도에서 만들어지는 서비스를 당연하게 여기는 믿음 같은 것들로부터 탈출하자고 하는 거죠. 우리가 학교를 많이 다닐수록 역설적으로 자기 구원의 능력, 공생적 협력의 능력이 오히려 적어진단 말이에요. 삶의 자율성이 줄어든다는 거고요.

앞의 강의에서 일리치가 말하는 도구(tool)와 재도구화(retooling)에 대해 이야기하면서, 학교도 도구라는 이야기를 했었죠. 그리고 이러한 도구를 누가 소유하느냐의 문제보다도 도구 자체의 규모와 속도가 커지면서 인간을 무력하게 만든다는 말씀도 드렸고요. 지금 학교라는 도구(tool)의 규모가 그렇게 커졌죠. 학교의 모습은 전 세계적으로 보편적입니다. 1세계에서 3세계까지, 서울에서 지방까지, 초등학교부터 고등학교까지, 학교 교육이 실시되는 방법, 구현되는 공간적인 특성, 서비스를 위한 소프트웨어 패키지 같은 것이 똑같거든요. 전 세계가 똑같아요. 이렇게 전 세계적인 규모를 갖춘 도구가 되었기 때문에, 일리치는 학교가 교육을 하는 곳이기보다는 인간을 인적자원으로 개발하고 부가가치를 높이는 곳, 그리고 그렇게 하는 것이 좋은 것이라는 믿음 혹은 신화를 재생산하는 곳이 되었다는 겁니다. 그리고 그런 재생산을 위한 의례로 조직된 곳이라고도 하고요.

이반 일리치는 그 의례가 무엇인가라는 질문을 받았을 때 재미있는 답을 하는데요. 기우제 같은 것이라고 대답을 합니다. 비가 안 와서 가뭄이 들면 기우제를 지내잖아요. 그런데 기우제를 지냈는데도 비가 안 오면 어떻게 하죠? 기우제를 더 열심히 지내는 거예요. 마찬가지로 학교를 열심히 다니는데도 공부가 늘지 않고, 뭘 배우는 것 같지가 않아. 그러면 어떻게 해요? 학교를 더 다니는 거죠. 학교로 안 되면 학원도 다니고, 학원 공부를 도와주는 학원을 또 다니고, 이런 식이 되는 거죠. 이렇게 더 많이 배우면 더 진보될 것이라는 신화를 끊임없이 재생산하는 의례, 비가 올 때까지 지내는 기우제와 같은 의례가 바로 학교라고 이야기한 겁니다.

그런데 이런 이야기가 담긴 『학교 없는 사회』가 출간되자, 엄청난 비판을 받았다고 해요. 일리치의 친한 친구였던 에리히 프롬(Erich Fromm)도 이 책에는 비판적인 입장이었다고 하고요. 학교는 기우제 같은 것이라는 이야기에 좌파고 우파고 다 난리가 난 거죠. 그래서 『학교 없는 사회』를 비판하는 글을 모은 책이 세 권 분량이 된다는 거예요. 어쨌든 『학교 없는 사회』가 큰 반향을 일으킨 것은 부정할 수 없을 듯합니다.

이 책에서 이반 일리치는 기우제에 대해 또 이런 이야기도 해요. 거의 모든 전통사회에서 기우제가 있었지만, 그 구체적인 모습은 다 달랐다는 거죠. 기간, 방식, 패턴이 다 달랐는데, 근대의 학교라고 하는 의례는 너무 보편적이라는 거예요. 전 세계적으로 비슷한 모습인 데다가 기간도 엄청 길잖아요. 기우제는 십몇 년씩 계속하지는 않지만, 학교는 우리나라 같은 경우는 12년은 다녀야 하잖아요. 12년 동안 기우제를 지내는 것과 비슷하다는 거죠.

일리치는 이렇게 오랜 기간 보편적으로 이루어지고 있는 '의례'는 찾아보기 힘든데, 비교할 수 있는 것은 중세의 교회밖에는 없다고 이야기를 합니다. 원래 우리가 신을 믿고 신앙생활을 하는 것은 자기 구원과 관련된 거잖아요. 그런데 자기 구원을 위한 종교가 제도화되고 의례적이 되면 자기 구원을 위해서 해야 하는 일이 교회를 가는 것이 되는 겁니다. 교회라고 하는 게 성사나 의례로 조직화된 곳이잖아요. 예를 들어 13세기부터는 주일에는 꼭 교회를 가야 한다거나 예전에는 성직자들에게만 요청되던 고해성사를 일반 신자들도 모두 해야 한다거나 하는 식으로 의례가 조직됩니다. 그러다 보니 교회를 다니는 목적이 전도되기에 이른 거죠. 목적과 수단이 전도가 되어서 구원을 위해서 교회를 다녀야 한다고 말하는 거예요.

저는 종교가 없고 저희 어머니는 기독교인인데 어머니의 가장 큰 걱정은 제가 천국에 못 갈지도 모른다는 거예요. 제가 교회를 다니지 않기 때문이겠지요. 그래서 제가 "엄마, 천국은 마음이 가난한 사람이 가는 곳이에요. 예수님의 마음으로 사는 게 중요하지 교회를 가고 안 가고는 중요하지 않아요"라고 하면서 덧붙여서 "난 좋은 일 많이 해서 나중에 천국에 갈걸요?"라고 농담조로 말하면 어머니는 펄쩍 뛰시지요. 제가 아주 불경스러운 말을 했다고 생각하세요. 어머니에게 신을 믿는 것은 꼬박꼬박 교회에 가는 것과 동일한 것이니까요.

이반 일리치는 이것과 관련하여 그 유명한 사마리아인의 이야기를 합니다. 목사님 설교에 단골로 등장하는 에피소드인데요. 일리치는 그것은 어려운 처지에 있는 사람을 도와야 한다는 일반적 규범을 이야기하는 것이 아니라고 말해요. 그것은 같은 공동체가 아닌 사람도 무조건 환대할 수 있느냐의 문제, 즉 타인의 부름에 기꺼이 응답하는 것을 통해 창조되는 우정에 관한 이야기라는 거죠. 초기에는 기독교 공동체 내에서 이런 환대의 정신이 잘 살아 있었다고 해요.

집집마다 예수님이 행인의 형상으로 문을 두드릴 때를 대비하여 여분의 침상과 양초, 마른 빵을 준비하고 있었다는 거예요. 그런데 기독교가 공인되고 교회가 제도화되면서 조건 없는 환대는 제도적 서비스로 변질되었고, 이웃의 부름에 응답하는 자유는 서비스를 이용할 수 있는 능력으로 바뀌었다고 합니다. 이걸 이반 일리치는 "신앙이 타락했다"고 말해요. 그리고 그런 제도화되어 의례가 되어 버린 교회와 학교를 비교하고 있는 겁니다.

이렇게 학교가 의례화되어서 누구나 다녀야 하는 것이 된 것이죠. 그것도 12년이나. 그리고 우리나라는 88%가 대학에 진학하기 때문에 학교 교육의 기간은 더 길어집니다. 이렇게 대학 진학률이 높은 것도 참 전 세계적으로 유례가 없는 한국의 독특한 현상이기는 한데, 어쨌든 이렇게 대학 진학률이 높아지면서 대학을 안 가는 것도 이상한 것이 되어 버렸죠. 이렇게 오랫동안 학교를 다니는데, 그래서 인성이 훌륭해지는 것 같지도 않죠. 조한혜정 선생님은 "우리 사회가 어린 아이들을 정말 독하게 만들고 있는 건 아닌가?"라는 이야기도 하시던데, 특히 요즘 성범죄나 N번방 사건 같은 걸 보면 학교에 대해 정말 다시 생각해 보아야 할 것 같아요. 지금은 거의 모든 아동 청소년들이 다 학교를 다니잖아요. 예전에는 문제 학생은 학교를 안 다니는 학생이었어요. 그런데 지금은 그게 아니란 말이에요. 상황이 이런데도 여전히 학교가 굉장히 중요하다고 생각하는 건 정말 이상한 믿음이에요.

학교를 재도구화하기

그래서 이반 일리치는 학교에 의존하지 않는 법을 익히는 것, 인간과 환경 사이에 새로운 양식적 관계를 만들어 내는 것이 중요하다고 합니다. 호모 사피엔스 사피엔스는 자율적으로 배움의 도구를 만들어 낼 수 있다는 거예요. 이렇게 만들어 내는 도구는 절대로 일률적이거나 보편적일 수가 없어요. 각자의 맥락이 다 다르기 때문에 굉장히 구체적이고 맥락적이고 장소적인 것이 될 수밖에 없어요. 이게 이반 일리치의 비전이었습니다. 지금 우리 식으로 이야기하면 1971년에 교육의 뉴 노멀, 학교의 뉴 노멀을 이런 방식으

사회적 선택의 세 가지 차원

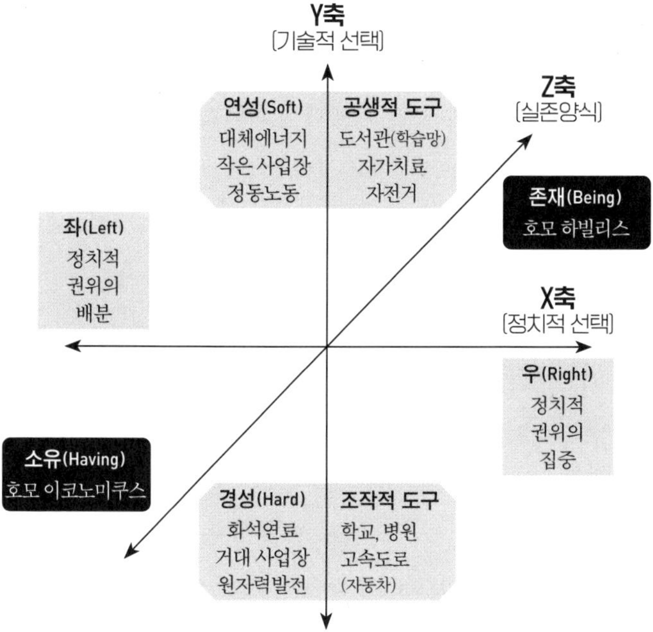

이반 일리치, 『그림자노동』, 노승영 옮김, 사월의책, 2015의 내용을 참조하여 재구성.

로 제시한 거예요.

앞의 표에서 전통적인 좌파와 우파에 대한 도식(X축)을 보시면 예전에는 정치적 권위가 평등하게 배분되어 있느냐 아니면 한 사람에게 집중되어 있느냐를 가지고 좌파와 우파, 진보와 보수를 나누었는데, 이반 일리치는 그런 구분은 중요한 게 아니라고 이야기합니다. 기술적 선택, 즉 도구의 사용이 조작적(manipulative)인지 공생적(convivial)인지가 중요하다는 거예요(Y축). 그래서 『학교 없는 사회』에서 일리치는 학교 대신 도서관의 중요성을 말합니다. 학교는 조작적 제도인데 도서관은 누구나 쉽게 접근할 수 있고 체계적으로 사람을 탈락시키는 구조로 운영되는 것이 아니잖아요. 누구나 교육 자료에 접근할 수 있고, 필요하다면 공부할 수 있는 그룹을 조직할 수도 있는 새로운 배움의 네트워크라고 할 수 있다고 합니다. 도서관이야말로 아주 공생적인 배움의 도구라고 생각을 한 거예요.

그런데 1970~80년대로 넘어가면서 이반 일리치가 도서관의 다른 측면을 보게 되는데요. 사람들이 도서관 역시 학교처럼 이용하는 것을 보게 된 거죠.

도서관이 공생적 도구로 더 많은 지역에서 만들어지고, 그렇게 이용되면 좋을 텐데, 도서관 이용자들이 어느새 도서관을 서비스의 제공자처럼 여기고 자신들은 서비스의 수혜자처럼 생각을 한다는 거예요. 그런 걸 보면서 일리치는 '학교냐 도서관이냐'의 문제가 아니구나, 이런 식으로 자율적인 배움의 도구를 구분할 수 있는 게 아니구나, 라고 생각합니다. 그러면서 X축과 Y축이 아닌, Z축에 대해서 생각하게 된 거예요.

Z축은 에리히 프롬의 유명한 책 『소유냐 존재냐』를 빗대어 한쪽 끝은 소유적 실존양식을, 다른 쪽 끝은 존재적 실존양식을 위치짓습니다. 제가 생각하기에 70년대 이반 일리치가 제도적 서비스의 제한에 초점을 맞추었다면 80년대에는 우리의 실존양식을 바꾸는 데 더 초점을 맞추는 것 같아요. 주체가 바뀌지 않으면 어떤 것도 바뀔 수 없다고 생각하게 된 게 아닐까요? Z축의 한쪽 끝에는 호모 이코노미쿠스가 있어요. 이들은 학교를 다니든 탈학교를 하든 배움을 자기계발로, 또 자기계발을 연봉으로 치환하는 사람입니다. 더 부자로 사는 데 관심이 있는 존재들이죠.

그러나 Z축의 다른 쪽 끝에는 호모 하빌리스가 있어요. 이들은 앞의 강의에서 말한 버내큘러와 커먼을 통해 살아가는 사람들입니다. 자기에게 소용되는 것을 스스로 만들고 그 만드는 방법을 기꺼이 다른 사람과 공유하고 확산하는 사람들입니다.

이런 관점에서 보면 그 축의 오른쪽 끝에서는 학교라고 하는 일률적 제도를 넘어서는 배움의 네트워크가 수없이 만들어질 수 있겠죠. 그리고 그런 네트워크는 서로 연결되어 있는 것이고요. 그래서 포스트코로나 시대에 교육이나 학교에 대해 새로운 상상을 한다면 이런 네트워크에 대한 상상이어야지, AR, VR, 사물인터넷(IoT), 인공지능 교육정책 같은 것은 아니어야 한다고 생각합니다. 학교야말로 대표적인 과밀 집단이고 지금의 코로나 사태를 불러온 근대적인 삶의 형식을 대표하는 도구인데, 이를 단지 원격수업을 원활히 하고, 첨단기술을 도입해서 해결하겠다는 건 조금 이상한 대안인 거죠.

새로운 대안으로 생각할 수 있는 '탈학교화'된 사회는 공부와 일의 이분법을 벗어난 것이어야 합니다. 지금 학교를 다닌다는 건 패키지화된 교육과정을 이수해서 자격증과 졸업장을 따고, 그 졸업장을 시장에서 연봉과 교환하는 것입니다. 게다가 지금은 그렇게 교환되지도 않아요. 임노동 형태의 일자리가 없는 사회에 접어들었기 때문에, 그렇게 길게 공부한 다음에 직장을 갖는다는 식의 삶의 방식은 이미 작동하지 않는다는 거죠. 그래서 탈학교화된 사회에서는 친구와 함께 삶의 비전을 찾아 가는 작고 단단한 네트워크가 많이 만들어져야 한다고 생각합니다. 제가 활동하고 있는 인문학공동체의 슬로건은 '공부와 밥과 우정의 네트워크'인데요. 그래서 더 이상 공부 다음에 밥이 아니고요. 공부를 하면서 밥의 문제를 해결해야 합니다. 그러기 위해서는 공부를 혼자 해서는 안 돼요. 원격수업 한다고 혼자 앉아서 열심히 클릭하는 게 아니라 끊임없이 친구들과 함께해야 하는 거고, 그러면서 상호의존의 능력도 키우는 거예요. 서로 돌보는 삶 속에서 배움도 일어나고 밥의 문제도 해결되는 거죠. 그래서 이런 비전을 가지고 우리가 곳곳에서 다양한 실험을 했으면 좋겠고요. 이미 곳곳에서 다양한 실험들이 벌어지고 있습니다.

두번째 강의 Q & A

Q 학교 교육을 못 따라가는데, 그렇다고 공부를 배울 만한 데도 없는 듯합니다. 또 말씀하신 삶의 기술 같은 것을 배울 만한 곳도 없는 것 같아요.

A 네 맞아요. 학교에서는 진도를 한 번 놓치면 쫓아가기 힘들죠. 애들 말로 학교는 깔아 주러 다니는 거예요. 이것도 학교 제도의 문제점 중 하나죠. 학교는 연령별 학년제로 제도화되어 있고 앞으로 한 계단 한 계단 진급하는 구조이기 때문에 그냥 있던 계단에 머물고 싶어도 머물 수가 없어요. 어떤 학생이 수학이 어렵다, 그래서 남들은 1년 동안 배울 것을 2년 동안 차근차근 배워야겠다고 생각해도 그럴 수가 없는 거지요. 해가 바뀌면 학년이 높아지고 2차 방정식도 잘 익히지 못한 채로 3차 방정식의 문제를 풀어야 하죠. 그렇다고 학교를 쉽게 그만둘 수도 없어요. 전 두 가지 케이스를 알고 있어요. 첫 번째는 저희 공동체에 오는 동네 청소년복지시설의 청

소년들 사례입니다. 이 친구들도 학년이 높아지면서 대체로 성적은 바닥을 깝니다. 학교에서 매일 잠만 잔대요. 그래서 빨리 학교를 그만두고 돈을 벌고 싶어 해요. 가족이 없으니까 더욱 그런 생각을 하는 거지요. 그런데 이들이 학교를 그만두면 그 복지시설이 패널티를 받는다고 하더군요. 학생보호의 임무를 방기하는 것으로 여겨진대요. 그 누구에게도 이롭지 않지만 의무교육을 이수해야 해요. 이쯤 되면 청소년 복지의 이름으로 이 친구들을 학교에 가두고 있다고 해도 과언이 아니지 않을까요?

또 하나는 저희 조카의 사례인데요. 이 아이도 학교 부적응자예요. 공부를 안 할 뿐만 아니라 사건 사고를 안 일으키는 날이 없어요. 그래서 제가 여동생에게 학교를 빨리 그만두게 하라고 권유하면 동생이 고개를 절레절레 흔들어요. 학교를 그만두면 하루 종일 집에서 게임만 할 거라는 거예요. 학교를 가면 공부는 하지 않아도 친구는 만날 수가 있지 않겠냐는 거죠. 그리고 또 누가 돌보냐고 하더라고요. 여동생네도 맞벌이거든요.

네, 어렵습니다. 학교를 가도 문제고 학교를 가지 않는다고 해도 별 뾰족한 대안이 있는 것 같지도 않고. 음,

작게 시작해 보면 어떨까요? 매일, 하루 종일 공부하는 장치를 지금 학교 제도 밖에서 만들려고 하면 돈도 너무 많이 들고 에너지도 너무 많이 들어요. 많은 대안학교들이 그래서 학교태를 벗어나기 힘든 거예요. 그보다는 뜻 맞는 동네 친구들이 모여 한 시간 학교를 만들어 본다든지, 아니면 예전에 저희 공동체가 했던 것처럼 주 2회만 공부하는 미니 학교를 만들어 본다든지, 그것도 아니면 동네 공부방을 만들어서 아이들이 자유롭게 드나들게 한다든지, 그런 건 시도해 볼 수 있지 않을까요? 할 수 있는 것부터 해봅시다.

Q 보편적인 학교 교육을 벗어났을 때, 다른 길을 걷는 아이가 느끼는 불안감이나 소외감이 걱정됩니다.

A 저는 '문탁네트워크'에서 많은 청소년하고 다양한 공부 배움터 같은 걸 해보았습니다. 정규적인 6개월 프로그램도 해보고 단기 프로그램도 해보았는데 보편적인 학교 교육을 벗어나서 여기에 참여하는 학생들이 불안감이나 소외감을 느끼지는 않는 것 같아요. 불안감이나 소외감을 느끼는 경우는 친구가 없을 때, 친구가 없어서 무엇을 해야 할지 모를 때고요. 그럴 때 더 많이 무력해

지는 것 같더라고요. 예전에는 학교를 가면 친구를 사귈 수 있었는데 학교 현장 자체도 무한경쟁과 각자도생이 되면서 지금은 학교를 가서 자연스럽게 친구를 사귀는 능력도 옛날만큼 청소년들이 익히지 못하는 것 같아요.

그러니까 학교를 가도 불안하고 안 가도 불안하고 그런 거죠. 학교냐 학교 밖이냐가 아니라 자기를 지지해 줄 수 있는 관계, 그리고 시간을 같이 보내면서 무언가를 함께 할 수 있는 관계가 있느냐 없느냐가 핵심인 거 같아요.

Q 홈스쿨링 준비하고 있는데 조언을 부탁드립니다.

A 학교화된 사회의 대안으로 대안학교를 만들거나 홈스쿨링을 하는데요. 홈스쿨링은 집에서 부모님이 가르쳐야 하는데 이게 여간 어려운 게 아닐 거예요. 그리고 학교를 다니는 게 입시에 더 효과적이지 않다고 생각해서 학교를 나와서 홈스쿨링을 하는 경우도 있어요. 이런 경우는 탈학교 사회를 지향하는 거라고 보기는 어렵겠지요.

제 예전 친구 중 한 명은 임노동에 종사하지도 않고 백수 비슷하게 틈나면 책을 읽고 마치 옛날 은자들처럼 밥벌이는 최소화하면서 공부를 즐겨하는 친구가 있었거든요. 이 친구의 아이도 어찌하다 보니 홈스쿨링을 하게 되었는데, 집에서 부모가 교과목을 가르치는 게 아니라 아이와 아빠가 손잡고 도서관에 가서 자유롭게 책을 읽는대요. 저는 이런 게 홈스쿨링 같아요.

홈스쿨링을 한다고 하면서 프로그램을 짜고, 진도를 나가고 하면 학교를 오히려 프라이빗하게 만드는 것이라서 홈스쿨링이라고 할 수 있을까 모르겠네요. 여러 가지 고민을 해봐야 할 것 같아요. 그리고 홈스쿨링도 네트워크를 하시는 게 제일 중요한 거 같아요. 그래야 정보를 공유하고 우리가 홈스쿨링을 하면서 빠지기 쉬운 홈스쿨링의 학교화 같은 것에 대해서도 성찰할 수 있을 것 같습니다.

3

세번째 강의

병원이 병을 만든다

자기 돌봄의 능력을

회복하기

세번째 강의

병원이 병을 만든다

: 자기 돌봄의 능력을 회복하기

의료는 건강을 증진시키는가

이번 강의에서는 '코로나 시대의 이반 일리치 읽기' 마지막 시간으로 이반 일리치의 『병원이 병을 만든다』라는 책을 중심으로 이야기를 해보려 합니다. 『병원이 병을 만든다』는 1975년에 쓰여졌고, 한번 수정 작업을 해서 1976년에 나온 책이에요. 우리나라에서는 '병원이 병을 만든다'라고 멋진 한국어 제목을 붙였지만, 원제는 '의료의 한계'(Limits to Medicine)라고 붙어 있습니다. 1976년에 수정하기 전 제목은 '메디컬 네메시스'(Medical Nemesis)였는데요. '네메시스'(Nemesis)가 '복수', '천벌' 같은 걸 뜻하잖아요.

그래서 '의료의 복수'라고도 할 수 있습니다. 지금 팬데믹도 어떻게 보면 자연이 우리가 어떻게 살아왔는지에 대해, 그러니까 근대 이후 우리 삶의 방식에 대해서 복수를 하는 거랑 마찬가지라서 요즘에 더 시사적으로 느껴지는 제목입니다.

이 책에서 제기하고 있는 질문도 앞에서 봤던 『학교 없는 사회』와 유사합니다. 『학교 없는 사회』에서 이반 일리치는 '학교 제도의 확대가 교육 기회의 평등에 기여하는가? 오히려 새로운 종류의 불평등을 낳고 있는 게 아닌가?'라는 질문을 제기했잖아요. 이 문제제기가 의료 제도를 분석하는 이 책에서 또다시 변주가 됩니다. '의료 기술의 확충, 혹은 의료 제도의 확대는 사람들의 건강을 증진하는가? 오히려 의료 제도 확대가 사람들의 고통을 증가시키는 게 아닌가?'라는 질문을 하고 있는 거죠. 이 질문 역시 '학교가 정말 필요한 제도인가?'라는 질문과 마찬가지로 굉장히 급진적인 질문이에요. 특히 이런 질문은 몸, 병, 죽음과 연결된 것이기 때문에, 마치 중세 때 '신이 정말 있어?'라고 질문하는 것처럼 아주 불경스러운 질문일 수 있는 거죠. 하지만, 이런 급진적인 문제

제기를 던졌음에도 불구하고 이 책은 『학교 없는 사회』 만큼의 반향을 일으키지 않았다고 합니다. 이것도 좀 신기한 일이에요.

이 책에서도 여전히 초점은 도구의 '반생산성'이에요. 첫번째 강의에서 말씀드렸듯이 이반 일리치는 "도구가 일정한 강도 이상으로 성장하면 수단에서 목적으로 변모할 수밖에 없으며 나아가 목적을 달성할 수 있는 가능성을 꺾어" 버린다이반 일리치 · 데이비드 케일리, 『이반 일리치와 나눈 대화』, 권루시안 옮김, 물레, 2010, 125쪽고 말하죠. 이 반생산성은 전통적인 좌파가 말하는 경제적 착취보다는 사회적 좌절감이나 인간적 무력감에 더 가깝습니다. 『병원이 병을 만든다』는 책에서도 이반 일리치는 의료 그 자체보다는 "사회가 모든 시민에 대해 의료체계로부터 거의 무제한인 치료를 받도록 관여할 때, 지속적인 자율적 치료라고 하는, 삶을 영위하는 사람들에게 필요한 환경적, 문화적 조건은 언제라도 파괴될 우려가 있다"이반 일리치, 『병원이 병을 만든다』, 박홍규 옮김, 미토, 2004, 16쪽는 점을 걱정하고 지적하는 거죠.

이렇게 일정 기준을 넘는 의료의 반생산성을 이야기하기 위해서 일리치는 또 하나의 개념을 만들어 내는데요. 우리 말로는 '의원병'이라고 번역되는 'iatrogenic'이라는 단어가 그것입니다. 이 단어는 그리스어를 조합해서 만든 일리치의 용어예요. 'iatro'는 그리스어로 의사라는 뜻이고, 'genic'은 그리스어로 생겨나다, 발생하다라는 뜻인데요. 이 두 단어를 합쳐서 '의사 때문에 생겨나는'이라는 뜻을 갖습니다. 그걸 한국어로는 '의원병'이라고 번역한 것이고요. 종종 '병원병'이라고 번역하기도 합니다.

갑상선암 같은 것이 이 '의원병'의 아주 좋은 예라고 할 수 있을 것 같아요. 한때 제 주변에 40대 여성 지인들이 갑상선암에 많이 걸렸어요. 그다음에 10년쯤 지나니까 또 굉장히 많은 사람들이 유방암에 걸렸다고 해서, '암도 유행을 타나?' 이런 엉뚱한 생각을 해보기도 했었는데요. 갑상선암은 왜 그렇게 많이 발생했을까요? 현대인들에게 스트레스가 많아서 그럴 것이라고 생각하기가 쉬운데, 그게 아니라는 거예요. 갑상선암의 증가는 아주 작은 혹도 발견할 수 있도록 초음파 기술이 발전했기 때문이라는 겁니다. 어떤 의료 연구 계통에 종사하는 사람이 죽은 사람을 부검해 봤는데, 부검한 사망자의 34~35% 정도에서 갑상선암이 발견됐다는 거예요. 그런데 그 사람의 죽음은 갑상선암과는 직접적인 상관이 없었다는 거고요. 이쯤 되면 '아는 게 병이고, 모르는 게 약이다'라는 우리 속담이 정말 맞는 말이구나, 라는 생각을 하게 되는 거죠.

갑상선암에서 아주 작은 종양이라도 그것이 암으로 진단되는 순간 사람이 초연해지기가 굉장히 어려워요. 제 주변에 굉장히 주체 의식이 높은 사람들도 결국은 아주 표준적인 암 치료를 하는 거예요. 수술을 통해서 혹이나 갑상선을 떼어 내고, 평생 호르몬제를 먹어야 하는 거거든요. 계속 약을 먹어야 한다는 건 평생 환자로 살아야 한다는 것입니다. 그리고 그렇게 평생 약을 먹는 데에서 그치는 것도 아닙니다. 그 이후에 여러 가지 몸의 균형이 깨지는 거죠. 그런 케이스가 굉장히 많습니다.

이렇게 지금은 약도 많고 하이테크놀로지에 입각한 의료서비스를 받을 수 있는 시대잖아요. 그런데 그런 서비스로 인해 의원병이 생긴다는 거죠. 기술과 서비스의 발달로 인해 삶 전체가 의료화된다고 이야기를 합니다. 요람에서 죽음까지 의료서비스에 둘러

싸여서 사는 거죠. 이렇게 삶이 온통 의료화되고, 의원병이 만연하게 되면 인간은 자기 치료 능력을 상실하게 됩니다.

그래서 내가 아픈 것을 스스로 치료한다고 하면 바로 주변에서 뭐라고들 하죠. 제가 어머니를 모시고 살고 있는데, 어머니랑 같이 살면서 보니까 어머니가 아프다고 하는 증세들이 맥락적이에요. 배가 아프다거나 머리가 아프다거나 변비로 죽을 것 같다고 어머니가 이야기를 하는데, 맥락을 보면서 병원에 가야 할지, 아니면 어머니 기분을 풀어 드려야 할지 이런 걸 정말 그때그때 판단해야 하더라고요. 그런데 동생들한테 상황이 이러이러하니 병원에는 안 가도 되실 것 같다고 이야기를 하면, 동생들이 바로 '언니가 의사야? 언니가 어떻게 알아?'라고 이야기를 합니다. 그러고는 바로 병원에 모시고 가라고 동생들이 '오더'를 내립니다.

그런데 인간이 자신의 몸에서 생겨나는 여러 가지 증세에 대해 스스로 정보를 찾아보고 어떻게 할지 판단하고 해야 하는 거거든요. 예전에 동아시아에서 사대부들은 스스로 자신의 맥을 짚고 맥에 따라 처방해서 자기 약을 지어먹기도 하고 그랬단 말이죠. 지식인들이 그렇게 했단 말입니다. 유네스코 문화유산으로도 등재될 정도로 중요한 문화유산인 『동의보감』도 그런 취지에서 만들어진 의서였죠. 선조가 백성들에게 주변에 나는 약초들을 가지고 자기 몸을 보살피라는 취지에서 허준한테 그걸 쓰라고 이야기를 한 거잖아요. 이렇게 근대 이전에 인간은 누구나 스스로 자기의 몸에서 일어나는 증세에 대해서 혹은 병에 대해서 판단할 수 있고 판단해 왔다는 거죠. 그 판단을 도와주기 위해서 의사라고 하는 전문가도 필요한 거예요.

『학교 없는 사회』에서 일리치가 '학교는 악이다, 학교를 없애야 한다'라고 이야기하지 않은 것처럼 여기서도 의사나 병원이 악이라고 이야기하는 게 아니라는 것을 주목하실 필요가 있어요. 문제는 의료에 대한 독점이 너무 일반화되었다는 거예요. 병원도 필요하고 의사도 필요하고 약사도 필요하죠. 그런데 그것들을 자기 돌봄이나 자기 치료라고 하는 관점에서 활용하지 못한다는 걸 문제 삼고 있는 겁니다. 일리치는 이런 것이 '의원병의 사회'라고 이야기를 하는 거고요. 이렇게 의원병이 만연한 사회에서 인간은 의료 제도나 학교 제도를 포함하는 산업적 생산양식에 제한을 가하는 정치투쟁의 능력을 잃는다는 겁니다. 계속 말씀드리지만, 도구를 누가 소유하는가라는 싸움을 둘러싼 좌파와 우파의 구분보다 산업적 생산양식을 어떻게 제한할 것인가가 중요한 정치적 싸움이라고 생각을 했던 겁니다.

부작용의 고통, 임상적 의원병

이반 일리치는 의원병을 크게 임상적 의원병, 사회적 의원병, 문화적 의원병, 이렇게 세 가지로 나누어서 설명을 합니다. 제가 첫번째 강의에서 이반 일리치가 많은 책들을 팸플릿 형태로 썼다고 말씀을 드렸습니다. 많은 책들을 체계적인 구조를 가지는 방식으로 쓰지 않았는데, 『병원이 병을 만든다』는 일리치의 70년대 책 중에서 가장 체계적인 책이라고 할 수 있습니다. 그래서 의원병에 대해서도 체계적인 논증이 이루어지고 있고요.

세 가지 의원병 중에서 우선 임상적 의원병부터

보겠습니다. 임상적 의원병은 말 그대로 실제 기술이 적용되는 상황에서 발생하는 현상이에요. 가령 피부에 습진이나 아토피가 심해서 가렵다고 할 때 이런 걸 해결하고 싶잖아요. 괴롭고 겉으로 보기에도 안 좋고 하니까 피부과에 가고 거기에서 진단을 받고 약을 처방받습니다. 그런데 그런 피부병들은 쉽게 치료가 되지 않고 끊임없이 부작용이 생기기가 쉽습니다. 현대 의학이 고통을 해결해 주지 못하는 대표적인 병들이죠.

외과 분야에서는 이식이나 수술에서 못하는 게 없는 시대가 되었죠. 하지만 외과 수술에는 반드시 부작용이 있다는 것이 또 함정입니다. 아주 간단한 맹장수술도 4~10% 정도 꿰맨 데서 고름이 계속 나오는 부작용이 있다는 거예요. 부작용이 없는 외과 수술은 없는 거죠. 약물의 부작용도 이루 말할 수 없고요. 실험병리학자로 항생제를 최초로 시판한 르네 뒤보(René Dubos)라는 사람이 있는데 이 사람이 1959년에 『건강이라는 신기루』(*Mirage of Health*)라는 책을 냅니다. 의료 유토피아에 대해서 일갈하는 책이에요. 1959년만 해도 사람들이 의료 유토피아를 꿈꾸던 시대였습니다. 그런데 르네 뒤보는 기술 합리성을 비판하고 의료가 더 좋은 건강을 생산한다는 생각이 망상이며 동시에 매우 위험하다는 걸 폭로했어요. 일리치가 1975년 『병원이 병을 만든다』를 처음 발표했는데, 그것보다 16년 전에 이미 이런 이야기가 나오고 있었다는 건데요.

뒤보는 역사적으로 질병이 생겨나고 사라지는 과정을 추적해 보면, 그 질병이 사라지는 데 의료의 역할이 미미했다는 주장을 합니다. 보통은 콜레라, 이질, 장티푸스, 결핵, 디프테리아, 백일해, 홍역, 이런 전염병들이 대부분 항생물질이나 백신을 개발하면서 사라졌다고 생각했잖아요. 그런데 뒤보의 연구 결과를 보면 이런 항생물질이 광범위하게 사용되기 이전에 이미 이런 전염병들의 독성이 약화됐다고 합니다. 항생물질보다는 오히려 세탁이 쉬운 순면 속옷의 개발, 채광이 가능한 투명 유리창의 보급과 같은 삶의 전반적인 환경 개선이 더 큰 역할을 했다는 겁니다. 항생물질을 최초로 시판했던 사람이 한 말이니 신빙성이 있을 것 같아요. 그리고 나중에 이반 일리치도 '의학적 치료는 해롭지도 않지만 그렇게 유효

하지도 않다'라고 이야기를 하는 거고요.

그리고 또 신기한 것은 어찌됐든 콜레라, 이질 등등의 전염병은 사그라들었는데, 그런 전염병의 시기가 지나고 나서 인류에게 심장질환, 기관지염, 비만, 고혈압, 암, 관절염, 당뇨병, 정신질환 같은 질병들이 주요하게 등장한다는 겁니다. 그런데 아무리 치밀하게 연구해도 이러한 변화의 원인을 완전히 설명할 수 없다는 거예요. 고혈압도 그렇잖아요. 고혈압 환자는 굉장히 많고 대부분 약으로 치료를 하죠. 어떤 고혈압을 많이 다루었던 의사가 자기 환자들한테 어느 순간 약이 안 듣는다는 것을 깨닫고, 오히려 식생활이라거나 전반적인 체질 개선을 통해서 고혈압을 해결해야 되겠다고 오히려 다른 방향의 연구를 했다는 이야기도 있더라고요. 이런 예는 굉장히 많아요. 그러면서 뒤보는 사실 의료가 질병을 퇴치하기는 하지만 우리가 생각하는 만큼의 역할을 하고 있는 게 아니라고 이야기해요.

또 어떤 기사에서는 피부병으로 18년간 고생한 여성이 스테로이드를 끊은 이야기가 나오더라고요. 처음에 습진이 심해서 스테로이드를 발랐는데, 낫지

https://commons.wikimedia.org/wiki/File:Cholera.jpg

제6차 콜레라 대유행을 형상화한 그림. 1912년 12월 1일자 『르 프티 주르날』(*Le petit journal*)에 수록된 삽화이다. 이 시기의 대유행 이후 콜레라의 기세는 한풀 꺾여, 1961년 다시 유행한 콜레라의 사망률은 현저히 떨어진다. 이렇게 위생관념의 개선과 함께 인류를 공포에 떨게 했던 많은 전염병의 위력이 사그라들었지만, 이제는 심장질환, 기관지염, 비만, 고혈압, 암, 관절염, 당뇨병, 정신질환 같은 질병들이 인류를 괴롭히고 있다. 코로나의 유행에서 볼 수 있듯이 대규모 전염병의 위험 역시 완전히 사라진 것은 아니다.

않으니까 점점 약의 용량을 늘렸던 거예요. 그런데도 완벽하게 해결이 안 되었는데, 어느 날 자신이 스테로이드에 사로잡혀서 살고 있다는 걸 깨닫고 스테로이드를 끊겠다는 결단을 합니다. 그렇게 스테로이드를 끊고 나름의 요법으로 자가치료를 하면서 한 2주 지나니까, 온 몸에 습진이 생기고 밖에 나갈 수 없을 정도로 심해져서 회사도 그만두었다는 겁니다. 그런데도 끝까지 가서, 한 달 정도 지나고 나니까 그때부터 자가치료의 효과가 조금씩 나타났다고 합니다.

이렇게 의료 행위로 일어나는 부작용이 삶을 옥죌 때, 이런 것을 '임상적 의원병'이라고 이야기를 합니다. 그런데 이반 일리치는 이런 임상적 의원병보다도 더 고민하고 사유해야 하는 것은 '사회적 의원병'과 '문화적 의원병'이라고 이야기를 했어요.

'정상'이 되라는 명령, 사회적 의원병

'사회적 의원병'은 사회 전체가 의료사회가 되는 거예요. 현대사회는 의료 시스템을 중요한 경제활동으로 바꿔놨잖아요. 인간을 정상과 비정상으로 분류하고 사람들을 점점 병원과 의사에게 의존하게 만들고 노화를 자연스러운 삶의 과정이 아니라 의료와 복지의 대상으로 만들고…. 이런 식으로 사회를 의료화하는데, 이런 식의 체계에 문제가 있다는 것이 일리치의 생각입니다.

특히 우리 사회에서 노인은 의료서비스의 주된 대상인데요. 동서양을 막론하고 고대 사회에서 노인이 된다는 건 지혜로운 자가 되는 거예요. 그리고 그 지혜를 통해서 자기 공동체에 어떤 보탬이 되는 거죠. 노년과 관련해서 여성의 폐경 이후를 다룬 책이 있어서 살펴봤는데요. 그 책은 인간이 폐경 이후에도 굉장히 긴 수명을 갖는다는 것에 주목을 하더라고요. 보통 다른 동물들은 폐경을 하고는 곧 죽는다는 거예요. 그런데 인간의 사회는 여성들이 폐경 이후의 시간에 생물학적 재생산에서 벗어나 사회에 보탬이 되는 여러 가지 활동을 했기 때문에 진화했다는 신박한 관점을 가진 책이더라고요.

하지만 오늘날 노인이 된다고 하는 건 더 이상 지혜로운 자가 되는 게 아니죠. 우리 사회에서 노인이 된다고 하는 건, 아픈 데가 늘어난다는 거고 더 많은 의료서비스가 필요하다는 겁니다. 우리가 K방역을 자랑하면서 우리나라의 의료보험 제도에 대해서도 엄청난 자부심을 갖고 있는데, 지금의 의료보험 담론에서 노인들은 자신들이 늙고 병들어서 사회에 불안 요인이 되는 존재라고 생각을 하게 된다는 겁니다. 내가 빨리 죽어야지 왜 이렇게 오래 살아서 젊은 애들의 부담이 될까, 이런 생각을 하도록 만든다는 거예요. 그래서 우리나라처럼 복지적인 차원에서 사회적 의료가 제공되든, 미국처럼 그걸 구입하는 방식으로 이루어지든, 의료서비스의 수혜자로서만 살아야 한다는 것은 마찬가지라는 거죠.

그런데 이렇게 사회적 의료서비스의 수혜자로서 살아가야 하는 것은 노인들에게만 국한되는 이야기가 아닙니다. 지금은 연령대별로 모두 건강검진을 받아야 하는 시대잖아요. 예전에는 의료서비스에서 질병의 진단과 치료의 비중이 훨씬 더 컸다는 거예요. 그런데 지금은 예방이나 조기치료를 위한 건강검진, 아프지 않기 위해 먹는 온갖 약이나 보조식품 같은 영역의 비중이 의료서비스에서 큰 자리를 차지하게 되었다는 겁니다. 실제 병원에서 제공하는 진단과 치료보다 더 큰 비중을 차지한다고도 하더라고요. 실제로 사람들이 표준적인 건강관리로 만족을 못하는 것 같아요. 건강검진 하러 가보면 이거, 이거, 이거는 개인부담인데 추가하겠냐고 물어보죠. 그러면 또 많은 분들이 추가해서 검진을 받습니다.

주로 초음파를 추가하는 거라고 하더라고요. 복부도 초음파를 하고, 어디도 초음파를 하고, 이렇게 여러 곳을 하면 한 군데 정도는 서비스로 초음파를 해주기도 한다고 하더라고요. 어쨌든, 그렇게 초음파를 하면 혹이 발견되죠. 간이며, 복부며, 어디며…. 다양한 곳에서 얼마만 한 크기의 혹이 발견됐다고 이야기를 한다는 거예요. 그런데 생각해 보면 나이를 먹고 혹이 있는 것은 당연하거든요. 동양의학에서 볼 때는 순환이 막히면서 생기는 울혈 덩어리 같은 거잖아요. 그런 게 있는 건 어찌 보면 당연한 일입니다. 우리가 살면서 어떻게 아무 걱정이 없겠어요. 걱정이 생겨서 몸 어딘가에 뭔가 뭉쳤다가, 그 걱정이 사라지면 풀리기도 하는 거고, 그러다 보면 몸 곳곳에 흔적이 남는 거겠지요. 이런 혹들이 여기저기서 발견되는데, 이렇게 혹이 있다는 걸 알려주고는 지금 꼭 치료를 받을 필요는 없지만 다음 건강검진에서는 추적 검사를 해야 한다는 이야기를 하는 거죠. 이런 과정을 통해 인간이 인격과 생각을 가진 호모 사피엔스사피엔스에서 의료보험공단에 등록된 의료서비스 인구집단이 되는 겁니다.

그래서 개개인은 통계적으로 아픈 사람과 아프지 않은 사람으로 포착이 됩니다. 인구를 사회학적으로 컨트롤하는 병적으로 매우 과민한 사회가 강화되는 거죠. 그리고 이렇게 의료화된 사회를 관리 통제하는 것은 의사 같은 전문가들이고요. 일리치는 이런 상황 속에서 '우리는 스스로의 몸을 자율적으로 돌보는 능력을 상실하게 되며 보다 건강한 사회에 대한 정치투쟁을 포기하게 된다'고 이야기를 합니다. 일리치의 이 말은 정말 팬데믹 상황에 잘 들어맞는 것 같아요. 팬데믹 이후에 SNS 같은 데를 보면, "제발 정은경 본부장의 말을 들어라!", 이런 이야기들이 많거든요. 물론 방역지침을 잘 따라야겠지요. 듣지 말자는 이야기가 아니라, 어느 순간 우리는 스스로 고민하지 않고 지침에 완벽하게 의존하게 된다는 겁니다.

이렇게 누구나 의사의 치료의 대상으로 살게 되는 것이 사회적 의원병인데, 일리치는 이렇게 사회의 의료화가 강화되면 "어떤 사회에서나 의료는 법이나 종교와 마찬가지로 정상적인 것, 적절한 것, 바람직한 것을 정의"일리치, 『병원이 병을 만든다』, 54쪽하게 된다고 이야기를 합니다. 어떤 몸이 적절한 몸인가를 사회적으로 규정하게 된다는 거예요. 요즘 인바디 측정도 많이 하시죠. 이렇게 아주 간단하게 측정할 수 있는 기계에서부터 실제로 병원에 가서 하는 건강검진에 이르기까지 모든 과정에서 '정상'(normal)과 '비정상'(abnormal)이 결정됩니다. 그리고 우리는 끊임없이 자기 몸을 정상으로 바꾸라는 사회적 명령을 받아요. 그러면 만성질환자, 장애인, 사회적 소수자 같은 사람들은 끝까지 '비정상'으로, 그래서 정상인의 타자로 살게 되는 거예요. 이거는 더 이상 병의 문제가 아니죠. 사회적이고 정치적인 이슈인 거예요.

의료는 어떤 사람의 호소에 대하여 합법적인 질병이라고 하는 딱지를 붙이고 호소도 하지 않는 타인을 병자라고 선언하거나 또 다른 타인이 호소하는 고통, 불구

그리고 사망조차도 사회적으로 인정하는 것을 거부하는 권위까지도 갖는다. 일리치, 『병원이 병을 만든다』, 54쪽

사람들의 질병과 고통, 그리고 죽음에 이르기까지 의사들이 판단한다는 거예요. 누군가가 고통을 호소할 때, 그 고통이 어떤 성격의 것인지를 그 사람의 맥락을 공유하는 사람들이 집단 지성에 의해서 공동으로 판단하는 게 아니에요. 의료적 행위로 의사가 판단한다는 겁니다. 가령 어떤 죽음이 자살인가 아닌가도 의료적인 판단으로 결정을 하죠. 일리치는 이런 것을 마치 "법관이 무엇이 합법적이고 누가 유죄인가를 결정"하고 "사제가 무엇이 성스러운 것이고 누가 금기를 부수는가를 선언"하는 것과 같다고 합니다. 마찬가지로 "의사는 무엇이 증상이고 누가 아픈가를 결정"일리치, 『병원이 병을 만든다』, 54쪽하는 거죠. 그리고 이러한 의료는 '새로운 진단기준을 만들 때마다' 새로운 타자, 아웃사이더의 무리도 만들어 내게 된다는 것이 일리치의 진단입니다. 정상을 결정하는 것이 곧 비정상을 만들어 낸다는 것이죠.

일리치가 이렇게 병원과 현대적 의료에 대한 책

을 내는데, 미셸 푸코도 『임상의학의 탄생』이나 『성의 역사』 같은 책을 내면서 비슷한 부분에 착목을 한다는 것이 재미있습니다. 첫번째 강의에서 말씀드렸듯이 푸코와 일리치는 동갑내기이고, 활동한 시기도 비슷하거든요. 『임상의학의 탄생』이 1963년에 나왔고, 『병원이 병을 만든다』가 1975년, 『성의 역사』 1권이 1976년에 나옵니다. 이렇게 두 사람이 번갈아가며 의료와 병원에 대한 책들을 썼고요. 푸코는 또 1975년에 나온 『감시와 처벌』에서 학교 제도에 대해서 엄청 비판했잖아요. 그런데 1972년에 『학교 없는 사회』가 나왔거든요. 이렇게 두 사람은 담론의 배치 자체가 다르기는 하지만, 병원과 학교라는 비슷한 부분에 착목하고 이 주제들을 사회적·정치적인 차원으로 끌어올린다는 공통점이 있습니다. 저는 두 사람이 분명히 서로를 의식했을 거라고 생각해요. 실제로 만난 적도 있습니다. 하지만 푸코는 너무나도 유명하고 어마어마한 연구들이 쏟아진 것에 비해서 일리치는 사실 그렇게까지 주목받지는 않은 거죠.

다시 돌아와서, 사실 의료는 굉장히 가치중립적인 행위처럼 보이잖아요. 과학에 기초한 것이고, 그

과학은 가치중립적인 것이니까요. 그리고 이렇게 과학적인 현대 의학을 거부하는 건 굉장히 미신적이라고 생각할 수 있는 거죠. 그래서 현대 의학은 정상적인 것과 병리적인 것을 끊임없이 나누는 권력이고 비정상적인 것에 대해서 사법적·의료적·도덕적 명령을 할 수 있는 권력이 되는 겁니다. 그래서 이반 일리치가 말하는 사회적 의원병은 푸코식으로 말하면 생명권력이에요. 지금 팬데믹 상황은 이렇게 사법적·의료적·도덕적 명령을 하는 생명권력이 극대화되어 있는 상황인 거죠. 사람을 최대한 죽지 않게 해야 하니까요. 그래서 지금 코로나로 인해 굉장히 위급한 상황이고 우리가 시민으로서 힘과 지혜를 모아야 하겠지만, 그럼에도 불구하고 이 생명권력과 팬데믹에 대해서는 굉장히 쟁점이 많을 수 있다는 것을 알고, 공부를 하지 않으면 안 된다고 생각합니다.

죽음조차 잃어버린 삶, 문화적 의원병

마지막으로 문화적 의원병에 대해서 얘기해 볼게요. 현대사회는 삶의 과정인 고통과 질병과 죽음을 의학적이고 기술적으로 처리하는 사회라는 거예요. 그래서 통증은 없애고, 질병은 치료를 통해 물리치고, 그리고 죽음은 연명을 통해 늦춰져야 하는 겁니다. 그래서 지금 의학에서는 통증은 더 이상 참을 필요가 없는 것이라고 이야기를 합니다. 의학적으로 치료가 가능한 것이고, 통증을 참는 것은 어리석은 것처럼 여겨지고 있고요. 실제로 통증클리닉이 어마어마하게 많아졌잖아요. 통증뿐만 아니라, 4차 산업 혁명, 생명 연장의 꿈, 바이오 장기가 가져올 미래, 이런 슬로건 속에서 고통과 질병과 죽음이 기술적으로 다뤄질 수 있다는 겁니다.

그런데 고통과 질병과 죽음에 대한 사유가 이렇게 가는 것이 맞는지에 대해서는 고민을 좀 해 봐야 할 것 같아요. 인류의 가장 위대한 지적 자산 중에 하나가 부처님의 말씀, 곧 불교잖아요. 이 불교가 바로 생로병사에 대한 고민에서 시작된 거죠. 젊은 부처님이 왕자였을 때, '태어났으면 누구나 늙고 병들고 죽는 것을 피할 수 없구나'라는 고민을 시작으로 출가에 이르고 위대한 구도의 길을 걷게 되신 거잖아요. 그래서 이미 생로병사에 대한 정말 위대한 가르침과 자산이 우리에게 남겨졌는데, 이제 더 이상 아무도 노, 병, 사에 대해서 고민하거나 사유하지 않는 시대가 된 거죠.

'고통을 겪어 내는 것'을 일리치는 'Suffering'이라는 영어 단어를 써서 표현합니다. 고통, 그리고 질병과 죽음은 닥쳐오는 것이고 겪을 수밖에 없는 것이죠. 그걸 우리가 신도 아닌데 어떻게 예측하거나 피하겠어요. 그런데 의료 유토피아나 기술 합리성은 그런 것들을 피할 수 있다고 생각하고, 혹 그런 일이 닥쳐와도 기술적으로 처리할 수 있다고 우리에게 메시지를 준단 말이에요. 그런데 그렇지 않아요. 다가오는 건 운명이에요. 겪을 수밖에 없는 거예요. 그래서 중요한 건 그걸 겪어 낼 수 있는 다양한 기술들인 겁니다. 각 사회와 문화와 종교마다 통증에 대한 자기 고유의 해석과 고유의 치유의 방법을 가지고 있었다는 거예요. 현대적인 치료와는 다른 거죠. 현대적인 치료에서는 고통이 없어야 하니까 수술 후 아프면 진통제를 달라고 하고, 그래도 아프면 또 달라고 하고 이렇게 되는 겁니다. 그런데 자기 나름대로의 해석체계가 있다면 '이런 일이 왜 닥쳤지?'를 고민하고 해결책을 스스로 모색하게 된다는 겁니다. 무슨 일이 있을 때 사람들이 종교를 찾는 것도, 자기에게 왜 이런 일이 벌어졌는지에 대한 답을 찾고 싶은 거죠. 암이나 교통사고 같은 것이 나에게 온 걸 어떻게 이해할 거예요. 그래서 사람들은 처음에는 좌절하기도 하고, 원망하기도 하고 하겠지만, 점점 이런 것들을 사유하고 공부하면서 지평이 넓어지기도 합니다.

물론 고통은 완화시켜야 하겠지요. 그래서 마사지를 하거나 침을 맞거나 향을 피우거나 이런 여러 가지 실제적인 기술이 각 지역이나 나라마다 있다는 거예요. 그리고 동정심을 가지고 위로를 해주는 관계가 있어야 하는 거고요. 저는 '문탁네트워크'라고 하는 공부 공동체에서 친구들과 함께하고 있는데요. 이 공동체의 일차적인 목적은 공부를 해서 삶의 비전을 찾자는 것입니다. 그런데 또 어떻게 보면 이 공동체는 서로의 삶을 돌보는 공동체이기도 해요. 내가 아프거나 삶에서 어떤 고통이 생겼을 때 그것을 해소할 방법을 함께 찾는 공동체인 거죠. 고통에 따라 그것을 해소할 방법은 굉장히 다양합니다. 어떤 병은 병원을 가야 해결이 되기도 합니다. 그러나 내 이야기를 들어 주는 친구만 있어도 위로를 받고 고통이 덜어지기도 해요. 또 어떤 때는 잘 들어 주고 위로하는 게 아니라 정말 따끔하게 혼을 내는 사람이 필요할 수도 있어요. 아니면 텍스트를 통해서 앎의 지평을 넓히고 자기의 해석 방식이 바뀌면서 고통이나 병의 문제가 해결될 수도 있다는 거예요.

이렇게 노, 병, 사를 해석하고 완화하는 방법은 굉장히 다양한데요. 요즘은 의료적 처치 아니면 힐링만이 남아 있습니다. 정말 힐링 사회라고 할 만한데요. 때로는 힐링, 위로 같은 것이 필요할 수도 있지만, 모든 고통에 힐링이 필요하다는 담론에 대해서 다시 생각해 볼 필요가 있습니다. 이반 일리치는 이렇게 이야기해요. "고통에 직면하기보다는 고통에서 도피하는 쪽이 합리적이라고 생각"일리치, 『병원이 병을 만든다』, 167쪽하고, 고통에 대한 감수성이 점점 저하되면서 역으로 감각을 살아 있게 하는 인위적인 자극 — 경쟁, 폭력, 속력 — 이 활성화되었다는 거예요. 그래서 의료 문명에 의존해 "고통을 없애는 것으로 사람들은 자기 자신의 점점 썩어 가는 자아를 무감각하게 바라보는 사람들"같은책, 169쪽로 변화하고 있는 거죠. 이렇게 고통을 없애고 자아가 무감각해지면서 훨씬 자극적인 걸 찾게 된다는 겁니다. 우리가 '먹방'을 '음식 포르노'라고도 이야기하잖아요. 먹방뿐만 아니라 모든 엔터테인먼트가 그런 경향이 점점 강해지고 있는 겁니다. 이게 우리가 살고 있는 세상입니다.

그다음으로 일리치는 죽음이 연명을 통해 미뤄져야 하는가에 대해 이야기합니다. 일리치에 따르면 죽음은 생물학적인 게 아니라 역사적이고 문화적이라는 거예요. 그렇기 때문에 죽음에 대해서도 역사적으로 또 각 사회마다 특별한 이미지와 의례가 있다는 거고요. 그리고 아주 오랫동안 인간은 자신의 죽음과 관련하여 능동태와 자동사로 이야기를 했다고 합니다. 그러니까 자신의 죽음을 준비할 수 있고, 죽음과 관련해서 훌륭한 자세를 배워서 가질 수 있다는 것이죠. 그래서 요즘 사람들도 알츠하이머에 걸려 자기가 죽는지도 모르는 상태가 되기보다는 차라리 암으로 죽는 것을 원한다고 하잖아요. 암은 준비를 할 수 있기 때문에 그렇대요. 이렇게 사람은 자신의 죽음에 대해 능동적인 측면을 가지고 있는데요.

그런데 현대로 오면서는 죽음이 치료의 실패거

나 치료의 중단을 의미하게 됩니다. 이렇게 죽음이 이해되면서 죽음과 싸우는 자는 환자가 아니라 의사가 되고, 사람들은 죽는다고 하는 스스로의 행위에서 주체적 권리를 잃어버렸죠. 건강을 위해 질병과 싸우는 자율적인 힘을 '최후의 숨의 뿌리'까지 뺏기고 말았다고 일리치는 이야기를 합니다. 일리치는 또 '죽음이 없는 사회'라고 이야기를 해요. 죽음은 없고 사람들은 생물학적인 생명에만 초점을 맞추고 관리한다는 겁니다. 이때의 생명은 '생명공학'이라고 할 때의 생명입니다. 보통 바이오그라피라고 할 때, 생명은 스토리를 가지고 있는 거잖아요. 서사가 있고 삶의 굽이굽이에 생로병사의 희로애락이 있는 거죠. 그런데 죽음이 사라진 사회에서는 그런 삶이 아니라 공학의 대상인 생명만이 관리된다는 겁니다.

이런 관리를 하는 것이 바로 우리 사회의 의료 시스템인 거죠. 의료 시스템은 테크놀로지와 결합해서 강화됩니다. 그래서 의료의 문제는 이제 주사를 맞아서 치료하거나 이런 수준이 아닌 거예요. 바이오 장기 같은 최첨단의 기술, 그리고 칩 같은 걸 몸에 넣어서 언제 어디서든 인체의 온갖 수치들을 관리하는 기술 같은 것을 말하는 거죠. 칩을 심는 기술은 이미 많이 연구가 되었잖아요. 강아지에게 칩을 심어서 잃어버리면 찾는다든가, 이런 기술이 이미 상용화되었는데, 인간도 그렇게 관리할 수 있다는 거예요. 원격 의료가 그런 식으로 행해지겠죠. 병원에 안 가도 곳곳의 단말기에서 확인하면 오늘 몸 수치의 '정상'/'비정상'을 바로 확인할 수 있는 거죠. 그런 사회가 곧 도래할 거 같아요. 이게 뉴 노멀일까요.

이반 일리치가 엄청나게 경계했던 것도 생명에 대한 이런 식의 관리였습니다. 그래서 우리가 죽음에 대한 문화를 복원하는 것, 우리가 '죽을 수 있는 권리'를 되찾는 것이 현대 사회에서 너무나 중요한 문제고, 이것이 죽음을 없애고 생물학적 생명만을 관리하는 '문화적 의원병'에 대한 대응이라고 생각했던 겁니다.

건강에서 양생으로

이렇게 세 가지 의원병에 대해서 살펴보았는데요. 이제 정리를 좀 해보겠습니다. 이번 강의에서 다룬 『병원이 병을 만든다』에서 우리가 던져야 할 핵심적인 질문은 '관료화된 의료 제도로부터 자신의 몸에 대한 권력을 되찾아오는 일은 어떻게 가능할까?'입니다. 병원을 절대 가면 안 된다거나 의사는 다 사기꾼이라거나 이런 이야기를 하는 게 전혀 아니고요. 우리 사회 전체가 의료화되어 있기 때문에 우리가 스스로를 돌보는 능력을 상실하게 된다는 이야기입니다. 그렇다면 그런 의료화로부터 어떻게 벗어날 것인지, 벗어난 이후에 자신의 몸을 어떻게 돌볼 것인지, 이런 질문을 정말 급진적으로 던져야 한다는 것이고요. 우리 사회의 정치에서 '누구한테 투표할 것인가'가 가장 중요한 문제처럼 여겨지곤 하는데, 이런 의료의 문제에 질문을 던지는 것이 더 정치적 행위라고 할 수 있습니다.

그래서 슬로건을 말씀드리면서 강의를 좀 정리해 보려고 합니다. "건강에서 양생으로! 자기계발에서 자기 돌봄으로!" 앞의 슬로건 '건강에서 양생으로'는 건강에 대한 오늘의 관점을 좀 바꿔야 한다고 생각해서 말씀드린 슬로건입니다. 우리 사회에서 건강에 대한 관심이 약간 페티시처럼 되었어요. 페티시는 '물신'이라는 뜻이잖아요. 건강이 마치 '신'처럼 되어 버렸다는 말입니다. 근대로 접어들면서 중세의 '신' 대신에 '과학'이라고 하는 새로운 신이 등장했죠. 그런데 이 새로운 물신인 '과학'의 다른 말이 '의료 기술'입니다. 그래서 대학에서도 최근에는 생명공학, 바이오 공학이 인기가 많죠.

그런데 건강이 어떤 상태인지는 사실 객관적으로 규명하기가 쉽지 않아요. 다른 사람 눈에는 매일 비실비실 살아가는 것 같아도 본인은 '나는 참 건강한 편이야'라고 생각할 수 있고, 반대로 건장한 체격에 넘치는 에너지를 가진 사람처럼 보여도 막상 자기 자신은 "요즘 내 생활이 건강하지 않은 것 같아"라고 말할 수도 있는 거니까요. 이반 일리치도 건강을 자신의 내부 상태와 환경조건의 함수관계를 표현하는 일상어에 불과하다고 말한 바 있어요. 하지만 세계보건기구(WHO)에서는 '건강'을 질병이 없거나 허약하지 않은 것만 말하는 것이 아니라 "신체적·정신적·사회적으로 완전히 안녕한 상태에 놓여 있는 것"이라고 정의를 내립니다.

그런데 도대체 뭐가 '안녕'한 거죠? 인간은 원래

불안정한 존재예요. 태어나면서부터 불안정한 존재고 살면서도 계속 불안정한 존재고 죽을 때까지 불안정한 존재예요. 인간은 신이 아니고 정말 유한한 존재이기 때문에 당연히 불안정할 수밖에 없는데요. 그래서 인간이 가치 있는 겁니다. 불안정하기 때문에 인간이 생각을 하는 거예요. 인간은 '어떻게 살 것인가'를 온전히 알 수 없습니다. 우주의 법칙을 신처럼 직관적이고 필연적으로 알 수 없기 때문이죠. 그래서 나한테 닥쳐오는 것들, 내 몸에 생겨나는 변화들, 관계에서 벌어지는 일들에 대해서 사유하는 거예요. 그리고 그렇게 사유하기 위해서 친구들과 같이 공부하는 거고요. 그런데 우리가 어떤 것을 공부해서 파악한다고 해서 그 일이 없어지는 건 아니잖아요? 그럼 그걸 겪을 수 있는 삶의 기술들을 우리가 고안해 내야 합니다. 그런 삶의 기술은 공생의 도구들과 연결되겠지요. 첫번째 강의에서 이야기한 '공생의 도구'를 양생 혹은 '자기 돌봄의 테크네'라고 이야기해도 될 듯합니다.

그럼 의료의 독점을 벗어나 호모 사피엔스의 양생술은 어떤 것이 될 수 있을까요? 제가 최근에 읽은 신문기사들을 소개하면서 양생의 방법에 대한 힌트를 얻어 보죠. 우선 한 기사에서는 만성 질환을 가지고 있는 젊은이들을 소개하고 있었는데, 인터뷰에서 젊은이들이 '난 투병이 아닌 치병을 선택'한다고 하는 겁니다.「무쇠 같던 몸이 골골, 세상은 엄살이라고… '아픈 20대'의 삶」,『경향신문』, 2020년 11월 28일 '투병'(鬪病)은 병과 싸운다, 나쁜 질병을 물리친다, 싸워 이기겠다, 뭐 이런 전쟁모델이잖아요? 이기거나 지거나 둘 중 하나밖에 없어요. 이에 비해 '치병'(治病)은 병을 다스리는 거예요. 치수의 치(治)가 물의 길을 잘 내주면서 범람을 막는 것이듯, 치병의 치(治)도 병의 상태를 살살 잘 다스리면서 병이 나를 잡아먹지 않게 관리하는 거지요. 병과 대화한다고나 할까, 혹은 병이 환기시키는 나의 몸의 소리에 귀를 기울인다고나 할까요. 아니면 내 몸과 내가 서로 밀당을 한다고 할 수도 있겠죠. 이러기 위해서는 몸과 삶에 대한 새로운 해석체계를 스스로 가져가야겠죠. 병과 더불어 더 성숙한 삶을 살아가는 것. 제가 생각할 때 그것이 치병이고 양생인 것 같습니다.

같은 기사에서 또 다른 청년은 "아픈 사람을 분

리, 배제하는 건강 중심적 공동체는 바뀌어야 한다"는 주장을 합니다. 아픈 몸과 함께 사는 세상을 원한다는 거예요. 우리가 장애를 가진 사람과 함께 사는 세상을 바라는 것처럼 아픈 건 더 이상 이상한 게 아닌 거예요. 정상과 비정상의 구분 자체를 없애야 하는 거죠. 안 아픈 사람이 어디 있겠습니까. 비정상을 정해 두면, 나이가 들어서 아픈 곳이 많아지는 건 모조리 '비정상'의 범주에 들어가는 거잖아요. 이렇게 비정상으로 규정되면 단순히 몸이 불편한 게 문제가 아니라 우울감을 갖기도 하는 거죠.

저희 어머니가 상당히 심한 노인 우울증이세요. 매사에 부정적이시고 매일 삶이 허무하다고 한숨을 쉬세요. 그런데 객관적으로 보면 저희 어머니가 노인 빈곤 상태도 아니고 큰 병에 걸리신 것도 아니고 자식들도 다른 집 자식만큼의 효심은 있는 편이거든요. 그런데도 귀가 어두운 것, 눈이 잘 안 보이는 것, 기억력이 떨어지는 것, 음식을 먹다 잘 흘리는 것, 심지어 주름이 늘어나고 배가 나오는 것까지 비관하시더라고요. 어느 날 깨닫게 되었어요. 어머니에게 인간의 표준은 젊은 몸이구나. 잘 걷고 잘 먹고 잘 보이고 잘 들리는 청춘의 몸. 그걸 정상이라고 생각하는구나, 라고요. 몸이 늙는다는 것을 자연스럽게 생각하지 않고 정상에서 멀어지는 것으로 생각하면 어느 누구도 결핍을 느끼지 않을 수 없게 되겠죠.

정상/비정상의 이분법을 넘어서는 사회, 아픈 몸, 늙은 몸, 장애를 가진 몸들이 다른 사람에게 동정의 대상이거나 배제의 대상이거나 사회복지서비스의 대상을 넘어서는 사회, 그런 세상에서 상호의존적으로 살아가는 게 양생의 기술이겠죠. 양생은 임상의학보다 훨씬 더 맥락적인 개념입니다.

마지막으로 소개해 드릴 기사는 어떤 약국에 대한 기사입니다.「"조제실 대신 상담공간"... 40년 내공 담긴 상담전문약국」, 『데일리팜』, 2020년 11월 14일 요즘 약국은 병원의 처방전을 가져다주고 약을 받아 오는 게 전부인, 그런 곳이잖아요? 그런데 기사에 난 이 약국은 의사의 처방을 조제하는 게 아니라 아픈 사람들이 자기가 먹는 약을 가져오면 왜 이 약을 먹는가 같이 상담을 해주는 곳인 거예요. 예전에는 동네 약국이 이런 역할을 하기도 했었죠. 제가 자랐던 동네에도 민약국 하고 도약국이 있었어요. 민씨 아저씨가 하는 약국과 도씨 아줌마가

하는 약국이 있었는데요. 민씨 아저씨가 하는 약국은 제가 좋아했고, 도씨 아줌마가 하는 약국은 어머니가 좋아했던 것 같아요. 민약국 약사님은 제가 들르면 학교나 집에 대해서 이것저것 묻기고 하고 들어 주기도 하면서 지금 식으로 말하면 일종의 상담 같은 걸 해주셨어요. 도약국의 약사님은 어머니와 같은 주부의 입장에서 수다를 많이 떠셨던 것 같고요.

이렇듯이 제가 어릴 때의 약국은 이전 시대의 우물가처럼 사람들이 모이고 생각과 감정과 정보를 주고받는 커뮤니케이션 공간이었죠. 특별한 일이 없어도 참새가 방앗간 찾듯 지나가다 들르면 언제나 박카스 한 병과 함께 환대를 받고 좀 쉬었다 가는 곳이었어요. 그래서 기사에 난 그 약국은 상담을 하는 공간을 가장 크게 만들었더라고요. 아주 인상적이었어요.

제가 몸담고 있는 인문학 공동체에서도 특별히 양생에 관심이 있는 회원들이 모여 '마을양생실험실 인문약방'이라는 새로운 활동단위를 만들었어요. '건강'이나 '위생'이라는 단어에 밀려 이제는 사라진 '양생'이라는 단어를 되살리고, 현대의 양생담론을 만들고, 각자 양생의 달인이 되어 보자, 뭐 그런 취

'문탁네트워크'에서 만든 '일리치약국'. 이반 일리치는 우리 모두가 자신의 몸을 스스로 돌볼수 있는 호모큐라스라고 말한다. 일리치약국은 그런 호모큐라스들의 네트워크이다. 약의 처방을 넘어서서 일상을 돌보는 지혜를 추구하고, 몸과 질병, 늙음과 죽음을 탐구하며, 자기배려의 테크네들을 익힌다. 무엇보다 누구나 이웃에 마실가듯 편하게 드나드는 정다운 동네사랑방이 되기를 꿈꾼다.

지에서요. 저희도 내년에는 약국을 하나 만들려고 합니다. 저희 회원 중에 약사가 있거든요. 그런데 우리가 만드는 약국도 자기 몸을 스스로 돌보는 사람들, 호모 큐라스들의 네트워크이지 전문가 약사가 일방적으로 약을 조제해 주는 곳은 아닐 겁니다. 저희도 새로운 실험을 시작하는 것이지요.

어떻게 해야 우리가 좋은 삶을 살아갈 수 있을까요? 정해진 법은 없습니다. 이반 일리치가 지속적으로 이야기하는 것은 특정한 대안이 아니라 대안을 만들 수 있는 우리의 능력에 대해서입니다. 우리는, 호모 사피엔스로서 혹은 호모 하빌리스로서 우리가 원하는 삶을 우리가 창조해 낼 수 있습니다. 물론 친구와 함께 말입니다. 더 많은 아이디어와 실험이 필요한 것 같습니다. 여러분들도 친구들과 함께 작지만 참신한 실험에 도전해 보시기 바랍니다.

세번째 강의 Q & A

Q 의료의 한계를 인정하지만, 개인이 의사의 도움을 받아야 할 상황이 되었을 때, 자신의 주체적 판단만으로 합리적으로 선택하고 결정하기에는 실제로 무리가 있다고 봅니다. 말기 암 환자 등 통증을 덜어 주기 위한 완화의료가 필요한 측면도 있습니다. 자신이 죽을 때를 어떻게 온전하게 인식할 수 있을까요? 올바른 결정을 하기에는 개인이 전문적이고도 올바른 지식을 갖지 않은 상황을 어떻게 해소할 수 있을까요?

A 너무 당연한 질문이시고요, 어려운 문제예요. 암환자의 통증을 덜어 주기 위한 완화치료는 반드시 필요하죠. 일리치도 치질 수술도 받았고, 통증을 완화하기 위한 다양한 시도를 했어요. 금욕주의자가 되는 게 우리의 목표는 아니에요.

그런데 의사는 진단을 하고 치료를 하는 사람이잖아요? 환자가 통증을 호소하면 검사를 하고 검사 결과를 판독하여 진단명을 내리고 거기에 따른 표준적 치료를 하는 거예요. 하지만 병의 전후과정을 종합적으로 살피는 것은 진단이 아니라 판단의 영역이고, 이것은 자기밖에 할 수 없는 것 같아요.

제가 어머니를 모시고 산 지 6년이 되었는데 그 계기는 어머니가 혼자 사시다가 낙상을 하셨던 거였어요. 그런데 그때 응급실에서 자꾸 왜 넘어졌는지를 물어보는 거예요. 넘어져서 다친 문제만큼이나 왜 넘어졌는지, 그러니까 어지러워서 넘어졌는지, 미끄러졌는지, 아니면 다른 문제가 있는지가 중요한가 봐요. 그런데 어머니가 대답을 하지 못하더라고요. 저희는 어머니가 요실금이 있고 한밤중에 자주 깨서 소변을 보러 화장실에 가시곤 했으니까 잠결에 화장실에 가시다가 넘어진 것이라고 지레짐작했어요.

그래서 골절 치료를 받고 퇴원 후 어머니를 모시고 비뇨기과에 갔죠. 그런데 의사 말이 빈뇨의 원인이 무엇인지는 사람마다 다 다르기 때문에 알 수가 없대요. 일단 약을 처방해 주긴 하는데 맞지 않으면 약을 바꿔서 먹어 봐야 한대요. 그래도 약이 안 들으면 이건 방광에 구조적 문제가 있는 것일 수 있으니 검사를 해야 한다고 했는데 이 검사가 몇 시간을 누워서 방광에 식염수를 넣었다 뺐다 하면서 방광 상태를 살펴보는 거래요. 아, 이

건 당시 저희 어머니가 선택할 수 있는 검사가 아니었어요.

그런데 제가 어머니랑 한 집에 살면서 관찰해 보니 어머니의 문제는 방광도 아니고 혈압도 아니고 눈이었어요. 어머니가 황반변성이 있으셨는데 혼자 사시면서 몇 달 새에 급속히 나빠지셨는데 그것에 대해 뚜렷한 자각이 없으셨던 것 같아요. 밤에 혼자 깨셔서 화장실에 가셨는데 눈 때문에 중심을 못 잡고 미끄러지신 거죠. 그 이후에 어머니와 함께 살면서 보니까 어머니가 자꾸 여기도 아프다, 저기도 아프다 그러시는데 가만히 보니까 그 중에 어떤 건 심리적 문제구나, 어떤 건 병원에 가서 의사의 전문적 소견을 들어야 하는 문제구나, 라는 것이 판단되더라구요.

몸은 마음과 연결되어 있고 마음은 자기가 사는 모든 환경과 연결되어 있잖아요? 몸에서 발현되는 문제를 맥락적으로 해석할 수 있어야 해요. 그건 판단의 문제이고 인문학적 소양의 문제예요. 그리고 전문가인 의사는 그런 전반적인 판단 속에서 제한적이지만 적절한 역할을 할 수 있습니다.

Q 병, 죽음과 싸우는 것이 환자가 아니라 의사가 되었다는 말씀을 하셨는데, 그런 현실을 곳곳에서 발견하고 확인하게 됩니다. 그러나 우리 삶을 둘러싼 환경은 생태적이지 않고 미세먼지 등으로 오염되어 있습니다. 인수공통전염병이 주기적으로 발생할 걸로 예상되고 있습니다. 이런 환경에서 의사의 도움 없이 질병을 예방하고 치료한다는 것이 가능할까요?

A 저도 의사의 도움이 필요 없다는 이야기를 하는 건 아니에요. 요즘 의사들 사이에서도 하이테크놀로지로 치료하는 것뿐만 아니라, 주치의 같은, 환자와 밀착하는 진료와 치료가 필요하다는 이야기가 많이 나오고 있는 것 같아요. 제가 일리치를 통해 드리고 싶었던 말씀은 의료에 있어서 제도를 확충하고 병원을 많이 만들고 기술을 고도화하는 식의 방향이 좋은 거라고 생각하는 발상에 대해서 우리가 다시 한 번 생각해 보자는 거예요. 문제는 이런 식의 변화는 그 사회가 어떤 정치적 선택을 하는가의 문제와 연결되어 있다는 겁니다. 개인뿐 아니라 사회적 배치를 바꾸어야 하는 거겠죠. 그럴 때 다양한 형태의 의사와 의료 기관도 필요하고, 우리는 그런 의사들과 자기 삶을 돌보는 데 네트워크적으로 협력할 수 있다고 생각합니다.

부록

신화가 된 학교*

학교는 힘이 세다

아이가 학교에 적응하지 못해 고민하고 있다는 지인들의 호소를 종종 접한다. 공부 안 하는 아이, 공부 못하는 아이에 대한 근심은 고민 축에도 끼지 못한다. 아이가 하도 말썽을 피워서 학교에서 전학을 권한다는 이야기, 아이가 학교에서 심한 '왕따'를 당하고 있다는 이야기, 아이가 무조건 학교를 거부한다는 이야기들은 무

* 문탁 파지스쿨 블로그(https://blog.naver.com/inmoonschool)에 「Mythpoesis: 신화가 된 학교」라는 제목으로 썼던 두 편의 글을 모아 부록에 수록했다. 이 책의 '두번째 강의'의 기반이 되는 글로, 코로나의 시대에 일리치를 통해 다른 교육의 방식을 고민하는 독자들에게 이 글이 조금이나마 도움이 되기를 희망한다.

겁다. 그 이야기들을 눈물 없이는 털어놓지 못하는 부모들의 고통과 절망이 무겁기 때문이다. 물론 내 대답은 한결같다. "학교 보내지 말아요." 문제는 여기서부터이다. 대개 짧은 침묵, 그리고 조심스러운 항의. 도대체 아이가 학교를 다니지 않으면 뭘 할 수 있겠느냐는 것이다. 학교 제도 때문에 그토록 고통을 받고 있으면서도 거기로부터 탈퇴하라는 내 권유에는 선뜻 응하지 못한다.

하지만 이런 경우가 부모들에게만 해당되지는 않는다. 학교를 그만두겠다고 선언했던 내 딸도 "그래? 그러면 그만두렴"이라고 쿨~하게 응답한 엄마를 뒀음에도 불구하고 결국은 학교를 계속 다니는 쪽을 선택했다. 학교 다니기 싫다고 노래를 부르는 아이들도 교사들의 설득이나 친구들의 요청에 못 이겨, 아니 결정적으로는 학교를 그만두는 것에 대한 스스로의 두려움 때문에 학교를 중단하지 못한다.

가만히 생각해 보면 학교가 선택지가 아니고 의무지인 이상, 학교가 싫은 이유가 수십 가지가 넘는 건 오히려 당연하다. 반대로 학교에서 공부를 끝까지 마쳐야 훌륭한 사람이 될 수 있다는 말은 거의 사기에 가깝다.

학교가 '홍익인간'의 정신을 함양하는 곳이 아니라 경쟁을 치밀하게 구조화시키는 체계라는 것은 누구나 알고 있는 사실이기 때문이다. 이상론을 버리고 현실론을 취해 좋은 대학을 졸업해야 제대로 된 밥벌이라도 할 수 있다는 이야기도 지금과 같은 만성적인 실업사회에서는 전혀 적실하지가 않다. 그럼에도 불구하고 우리는 왜 학교를 그만두는 것을 두려워할까?

따라서 물어야 할 것은 왜 학교에 적응하지 못하는가가 아니다. 이상론으로 말해도 현실론으로 말해도 별 효용이 없어 보이는 학교가 이다지도 위력을 발휘하고 있는 이유는 도대체 무엇인가를 물어야 하는 것이다. 학교가 뭐길래 그렇게 힘이 셀까? 도대체 그 비결은 뭘까? "그래도 학교는 가야지!" 이 말에 담긴 학교 제도의 힘, 그것은 무엇인가?

세상의 모든 학교

대부분의 '교육사' 책은 서양의 경우 소크라테스부터, 동양의 경우에는 공자로부터 서술을 시작한다. 한국교육은? 심지어 단군으로부터 시작한다. 어떤 교육사 교재에는 "옛날 환인의 서자 환웅이 자주 천하에 뜻을 두고 인간 세상을 탐내어 구하였다. 아버지가 아들의 뜻을 알고는 삼위태백(三危太伯)을 내려다보니 인간을 널리 이롭게 할 만하여, 즉시 천부인(天符印) 세 개를 주어 인간 세상을 다스리게 하였다"는 삼국유사의 한 구절을 인용하면서, 이것이 "당시 무교육 상태의 인간을 교화시켜야겠다는 환웅의 교육적 양심"이라고 써 놓기도 했다.

이반 일리치식으로 말하자면 교육자라는 존재는 인간의 모든 활동에서 '교육'의 냄새를 맡고, 인간의 모든 활동을 교육의 필요 혹은 교육의 결과와 결부시키는 사람들인지도 모르겠다.

> 현재 통용되는 의미의 교육은 인간의 모든 활동에서 배움이 반드시 필요하며 배움을 위한 기회는 그 본질상 희소하게 공급될 수밖에 없다는 전제에서 배우는 것을 말합니다. 이렇게 이해할 경우 배움은 삶의 다른 부분과 적절하게 구별할 수 있는 별개의 부분이 됩니다. 시간적으로는 아닐지언정 적어도 논리적으로는 배움이 먼저 이루어진 다음이라야 사회적으로 기대되는 과업을 적절하게 실행할 수 있게 됩니다. 교육과 잘 맞는 이

관념에서 출발하면 다른 사회의 수많은 사회적 특징을 '배움'의 상황으로 분류하게 됩니다. 교육사학자는 시 낭송, 의례 행위, 도제 제도, 조직적인 경기 등을 발견할 때마다 거기서 교육활동의 냄새를 말아 내는 것입니다. 제가 살펴본 교육사 교재는 모두 교육의 희소성은 모양과 형태만 다를 뿐 항상 존재해 왔다는 전제를 바탕에 깔고 교육사를 다루고 있었습니다. 이 전제를 통하면 네안데르탈인마저도 호모 에두칸두스의 하위종에 포함되며, 신석기 문화로 바뀐 것 또한 돌을 쪼개는 법을 좀 더 제대로 가르친 덕분으로 봅니다. 이반 일리치, 『과거의 거울에 비추어』, 권루시안 옮김, 느린걸음, 2013, 155쪽

물론 누군가 나에게 "세계 최초의 학교는?"이라고 묻는다면 나는 주저하지 않고, '공자 스쿨'이라고 대답할 것이다. 공자라는 깐깐한 스승과 수십 명의 똘똘한 제자들은 천하를 주유하면서 인간의 길이 무엇인지, 좋은 세상이란 어떤 곳인지에 대해 묻고 대답하고 또 묻고 대답했다. '공자 스쿨'에서 스승과 제자 사이의 이러한 응답의 기록이 바로 인류 최고의 고전인 『논어』이다. 하지만 재미있는 것은 공자는 딱히 스승이 없었다

는 것이다.

> 위나라의 공손조가 자공에게 물었다. "공자는 어디서 배웠는가?" 자공이 말했다. "문왕과 무왕의 도가 아직 땅에 떨어지지 않고 사람들에게 남아 있다. 현명한 사람은 그 근본적인 것을 기억하고 현명하지 못한 사람도 그 지엽적인 것을 기억한다. 문왕과 무왕의 도가 있지 않은 곳이 없으니 선생님께서 어찌 어디서인들 배우지 아니하셨겠는가? 그러니 또 어찌 일정한 스승이 있겠는가?" 『논어』「자장편」

지금 식으로 바꿔 보면 공자는 한두 명의 스승이 아니라 세상 모든 곳에서 세상 모든 사람에게 배웠다는 이야기이다. 그래서일까? 공자는 스스로를 '호학자'(好學者)로 부르기를 즐겨했다.

플라톤이 세운 '아카데미아'는 또 어떠한가? 다른 아테네의 청년들과 마찬가지로 정치가의 꿈을 꾸고 있었던 청년 플라톤은, 당대의 아테네의 현실에 절망한다. 특히 30인 과두정 정권을 붕괴시킨 민주파에 의해 스승 소크라테스가 처형되자 정치의 꿈을 완전히 버리고 철학의 길로 접어든다. '아카데미아'는 현실정치에 환멸을 느낀 플라톤이 소위 '철인왕'을 기르려는 포부를 지니고 만든 학교이다. 그러나 이 '아카데미아'는 오늘날의 어떤 학교와도 다르다. 그곳은 스승과 제자들이 함께 살았던 생활의 공동체였으며, 그 유명한 공동식사, 그러니까 음식과 토론이 공존하는 '공동식탁'을 꾸린 밥상 공동체였다.

숲속을 거닐면서 강의했다는 아리스토텔레스(그래서 이들은 후에 소요학파로 불렸다)가 만든 '리케이온'이나 노예 출신인 스토아 현자 에픽테토스가 만든 '에콜'도 마찬가지이다. 푸코에 따르면 에픽테토스 등의 스토아적 교육자들은 외부 세계에 대해 또 발생할 수 있는 모든 사고들과 사건들로부터 개인을 보호하는 교육에 전력을 쏟았다고 한다. 그리스인들은 이것을 paraskheuê로 불렀고, 세네카가 이것을 라틴어 instructio로 번역했다고 한다. 영어의 instruction의 어원이지만 스토아적 맥락에서 그것은 한정된 직업적 목표를 추구하는 것이 아니라 "단 한 번도 되어 본 적이 없는 자기가 되는" 과정이었다.

뿐만 아니다. 북송의 성리학자들로부터 시작된 강

학의 전통은 "근심할 일은 남보다 먼저 근심하고, 즐거워할 일은 남보다 나중에 즐거워한다"는 '선우후락'(先憂後樂)의 고원한 기개를 표현한다. 그 중 한 명이었던 진양(陳襄)의 강학원은 출사를 포기한 '출세간의 결사'였다. 이런 전통이 주희(朱熹)나 왕양명(王陽明)의 강학원에도 이어지는 건 두말할 필요도 없을 터이고. 이는 재야의 지식인들이 사재를 털어 설립한 조선시대의 각종 서원에서도 마찬가지였다. 조선시대 서원은 주로 스승의 학풍을 중심으로 조직되었는데 그 학풍의 차이는 서원의 건축물에까지 반영되어 있다고 한다. 즉 경주의 옥산서원의 닫힌 구조는 '신독'(愼獨)이라는 사대부들의 자기수양의 의지를 표현한 것이고, 병산서원의 상징인 그 유명한 만대루(晩對樓)는 두보(杜甫)의 시, 「백제성루」(白帝城樓)의 한 구절인 "취병의만대"(翠屛宜晩對), 즉 "푸른 병풍 같은 산 늦도록 마주할 만하고"에서 따온 것으로서 자연과 일체가 되려는 사대부들의 소망을 표현한 것이었다고 한다.

'아카데미아', '리케이온', '에콜', '공자스쿨', '강학원', '서원'… 그 밖에도 무수히 많은 세상의 모든 학교들. 그것들은 분명 학교였다. 가르치겠다는 스승들의 의지가 있었고, 배우겠다는 제자들의 열정이 존재했다. 그러나 그 어느 것도 특이하고 고유하지 않은 것은 없었다. 그것들 중 그 어떤 것도 보편교육을 제도화한 지금의 학교와 닮지 않았다.

호모 에두칸두스의 탄생

이반 일리치는 그리스의 '무지케'(mousike)와 브라만의 샤스트라(Śāstra) 혹은 12세기 생빅토르 위그(Hugo von St. Viktor)의 아르테스(artes)를 지금 우리가 떠올리는 '교육'의 표상으로 통약한다는 것은 불가능에 가깝다고 말한다. 그래서 그것들로부터 교육이나 학교의 보편성과 위력을 끌어내는 교육사적 설명은 잘못된 것이다. 단군신화로부터 교육과 학교의 시작을 설명하는 방식은 교육이나 학교의 초역사적 보편성이라는 관념이 형성된 이후에야 가능한 것이다. 따라서 우리에게 필요한 것은 '교육 안에서의 연구'가 아니라 '교육에 대한 연구'이다. 단군신화로부터 교육의 보편성을 끌어내는 설명이 오히려 설명되어야 하는 대상인 것이다.

교육에 대한 연구란 교육이 사회로부터 '뿌리뽑혀나

가' 형식적 맥락 내지 형식적 영역으로 별개의 활동이 된 모든 사회에서 공통적으로 나타나는 갖가지 신화, 행위, 구조 및 전제를 고찰하는 연구를 말합니다. 일리치, 『과거의 거울에 비추어』, 140쪽

그렇다면 언제부터 '모든 사람에게 모든 것을 철저히 가르친다'(Omnibus Omnia Omnino Docendi)는 관념이 생겨났을까? 바로 17세기 아모스 코메니우스(Johann Amos Comenius, 1592~1670)로부터이다. 그는 『대(大) 교수학』(*Didactica Magna*)이라는 저서에서 모든 사람들은 태어나면서 24세까지 계통적인 학교에서 교육을 받아야 한다고 주장하였다. 첫번째 단계는 태어나서 6세까지. 이때는 소위 '어머니 학교'에서 일상생활의 기초지식과 도덕적 습관을 배워야 한다. 두번째 단계는 7세부터 12세의 아동이 다녀야 하는 '모국어 학교'인데 이곳에서는 읽기, 쓰기, 셈하기와 역사, 지리, 미술 등을 가르친다. 세번째 단계는 13세에서 18세까지의 청소년들이 다니는 '라틴학교'. 이곳에서 학생들은 4가지 종류의 언어와 7자유학과, 자연, 과학, 지리, 역사, 윤리, 종교 등의 과목을 이수해야 한다. 마지

막 네번째 단계가 19세에서 24세까지의 청년들이 다니는 '대학'이다. 신학, 의학, 철학, 법학과 여행이 필수과목이다.

급 친근감이 생기지 않는가? 교육은 지, 덕, 체의 조화를 이루어야 한다든가, 학교는 유아-초등-중등-고등 교육의 계통으로 조직되어야 한다는 것은 우리 시대의 공리이니 말이다. 그러나 바로 이 순간이 새로운 인간형, '호모 에두칸두스'가 탄생하는 순간이다. 이 때부터 인간은 '호모 에두칸두스'로 정의되었고, 이제부터 우리들은 말하는 것은 물론 삶에 필요한 모든 행위와 활동을 교육받아야 한다고 생각하게 되었다.

물론 아직 끝이 아니다. 열렬한 개신교였던 코메니우스가 이런 보편교육을 주창할 수 있었던 맥락을 좀 더 살펴봐야 하기 때문이다.

신화를 만드는 의례

다시, 처음의 질문으로 돌아가 보자. "왜 학교는 힘이 센가". 보통 학교는 무엇인가를 배우는 곳, 나아가 만약 국민의 세금으로 학교 제도를 확충한다면 그것은 더 많은 사람에게 배움의 기회를 제공하는 곳이라고 여겨져 왔다. 그러나 앞에서도 이야기했지만 학교에서 배우는 지식이 무엇에 소용되는 것인지는 사실 아리송하다. 가방끈과 인품은? 결코 비례하지 않는다. 그렇다고 기업들이 가방끈 긴 사람을 무조건 선호하느냐면, 딱히 그렇지도 않다. 이미 60년대부터 학교 교육이 기업현장에서 거의 무용지물이라는 사실이 수없이 지적되어 왔다.

의무교육 제도의 확충이 교육평등을 실현할 것이라는 주장도 아리송하기는 마찬가지이다. 학교 제도는 단 한 번도 누구나 원하는 만큼 원하는 곳까지 공부할 수 있는 방식으로 구성된 적이 없기 때문이다. 그것은 늘 올라갈수록 누군가는 탈락할 수밖에 없는 피라미드 구조였다. 심지어 지금 같은 글로벌 시대에는 서울대가 아니라 아이비리그가 피라미드의 정점이기 때문에 서울대 학생들조차 열등감과 박탈감과 우울증을 앓고 있다고 한다.

현실이 이렇게 뻔한데도 학교가 개인의 학습과 사회적 평등을 위해 필요한 제도라는 생각은 변함없이 강건하다. 현실과 믿음 사이의 이 엄청난 괴리! 그럼에도 불구하고 현실을 보지 못하게 만드는 믿음의 재생산! 그 비밀은 무엇일까? 이반 일리치는 맥스 글럭먼이라는 인류학자를 인용하면서, 그것은 학교가 '의례'로 조직되어 있기 때문이라고 말한다.

> 글럭먼에 따르면 의례란 거기에 참여하는 사람으로 하여금 특정한 믿음을 갖도록 확립된 행동양식이며, 상정된 목적 때문에 참여자들은 자신이 실제로 하고 있는 일을 보지 못하게 만드는 절차를 밟는 행동양식이다. 기우제에서 비를 기원하는 춤을 추면 비가 내릴 것이라는 생각 때문에 춤추는 의례를 지내는 사회적 비용을 보지 못하는 것이다. 춤을 추었는데도 비가 오지 않으면 춤을 더 열심히 춰야 한다고 생각한다. 의례는 그 의례를 실행하는 사람으로 하여금 내적으로 매우 모순된 확신에 깊이 집착하게 만드는, 믿는 바에 대하여 의문을 던지는 사람들의 능력을 압도할 정도의 집착을 만드는 능력이 있다. 일리치 · 케일리, 『이반 일리치의 유언』, 225쪽

오래전, 저녁 6시만 되면 모든 사람이 가던 길을 멈추고 국기를 향해 가슴에 손을 얹고 "나는 자랑스런 태극기 앞에 조국과 민족의 무궁한 영광을 위하여 몸과

마음을 바쳐 충성을 다할 것을 굳게 다짐합니다"라고 중얼거렸던 바로 그것, '국기에 대한 경례' 같은 게 바로 의례이다. 그래서 시도 때도 없이 태극기가 펄럭대고 애국가가 장엄하게 흘러나오면 가슴이 뭉클하고 애국심이 솟아나오는 것 같은 느낌, 그게 바로 의례의 효과이다. 개인을 국민으로 만드는 장치! 국가가 얼마나 무능한지를 매번 잊게 만드는 마법!

일리치가 보기에 학교는 결코 배움의 기쁨을 누리는 곳이 아니다. 사회적으로 평등을 확산하는 제도도 아니다. 그렇다고 전통적인 좌파가 비판하듯이 지배계급의 이데올로기를 내면화하는 장치라고 말하는 것으로는 결코 충분하지 않다. 오히려 그것은 좌파조차 동의하고 추구하는 '진보'와 '발전'에 몰입하는 사회, 그 사회의 신화를 저장하고 유통시키는 의례행위이다.

학교 교육은 배움을 교과별, 학년별로 잘게 나누고, 시험이나 점수로 그것을 측정하고, 전문가가 만들어 놓은 평가척도를 통과하면 다음 단계로 진급하는 형태로 조직되어 있다. 즉 커리큘럼에 의해 세분화되어 제공된 지식을 소비하면 다음 단계의 지식의 소비로 나아가는 것이다. 그것은 앎의 기쁨이나 삶의 깨달음과 아무런 관계를 맺지 않아도 더 높은 단계를 향해 중단 없이 '진보'한다. 이런 과정을 통해 학교교육은 소비사회의 필요조건에 해당하는 신화를 만들어 내는 것이다.

학교 교육은 신화를 창조하고 현대사회는 그 신화를 토대로 스스로를 쌓아올린다. 학교는 미스포에시스(mythpoeisis), 즉 신화를 만드는 의례다.

> 학교는 단계적인 진급이라는 의례 게임으로 조직되어 있기 때문에 사회적 신화를 효과적으로 창조하거나 유지한다. 학교가 아이들을 이런 도박적인 의례에 입문시킨다는 사실은 학교에서 무엇을 어떻게 가르치는가 하는 문제보다 훨씬 중요하다. 학교가 사람들에게 교육하는 것, 다시 말해 사람들의 피 속에 들어가 습관화되는 것은 다름 아닌 게임 그 자체다.
>
> (학교) 서비스의 끝없는 소비라는 신화가 사회의 주도권을 쥐게 되면 결국엔 모든 사람들이 사회 모든 곳에서 모든 의례에 강제적이고 강박적으로 참여하는 데 이른다. 학교는 의례 경쟁을 국제적 게임으로까지 몰고 가는데, 그 게임에 참가한 경쟁자들은 그 경기에 참가할 수 없거나 참가하지 않으려는 사람을 나쁜 사람이라고

비난하도록 강요받는다.

학교는 소비의 진화라는 신성한 경기에 신참자를 끌어들이는 입문의 의례다. 학교는 전통적인 사제가 독실한 신자를 권능의 신에게 안내하는 위로의 의례이다. 학교는 중도탈락자들을 저개발의 희생양으로 낙인찍어 그들을 희생으로 삼는 속죄의 의례이다.이반 일리치, 『학교 없는 사회』, 80쪽.

종교가 된 학교

학교가 의례, 그러니까 근대사회의 기우제 같은 것이라는 일리치의 생각은 수많은 논란을 불러 일으켰다. 앞서도 말한 것처럼 에리히 프롬은 경악했으며, 수많은 좌파 논객들도 수없는 비평을 쏟아 냈다. 존 올리거(John Ohliger)는 이런 비평들을 모아 무려 세 권의 인용집을 펴낼 정도였으니까.

그러나 일리치는 이런 비평에 흔들리기보다는 오히려 생각을 더 밀고 나갔다. 동서고금, 세계 어디에서나 의례행위는 있어 왔다. 예를 들어 기우제는 남아프리카에도 중국에도 인도에도 존재했었다. 그러나 그것들은 다 자기만의 고유한 형태를 지니고 있었다. 학교와 같은 범세계적 형태의 기우제는 전혀 새로운 종류의 의례였다. 세계 어느 곳이든 통과의례가 있지만 학교교육처럼 긴 시간을 채워야 하는 통과의례는 새로운 종류의 의례였다. 역사적으로 이런 범세계적인 의례와 가장 비슷한 것은 결국 기독교의 의례밖에는 없다. 이제 일리치는 자신의 전공 분야인 교회학과 학교 제도를 연결시킨다.

> 신학과 교회학이라는 나의 배경 덕택에 나는 학교처럼 범세계적인 제도라면 교회와 무슨 관련이 있을 것이라는 생각을 하게 되었다. 처음에는 그런 생각이 대단히 막연한 유추에 지나지 않는다고 치부했다. 그러다가 '인간은 현실을 조금이라도 알기 위해서는 권위 있는 계시를 필요로 하며, 이 계시는 엄격하게 조직된 의례를 통해서 가장 잘 내려받을 수 있다'는 관념이 어떻게 생겨났을까 하는 점을 이해하려고 몇 년을 더 보내고 나자, 학교 제도와 교회 제도 사이의 관계가 생각했던 것보다 더 밀접하고 더 단단한 것임을 깨닫게 되었다.일리치·케일리, 『이반 일리치의 유언』, 229쪽

교회는 예수님의 최후의 만찬을 재현하는 의례를 조직하면서 탄생하였다. 빵과 포도주를 나눠먹는다는 것은 예수님의 삶과 사랑을 기억하는 행위였고, 그분의 삶처럼 살겠다는 의지의 표현이기도 했다. 그러나 이런 의례는 점차 세속화되었고 교회는 이런 의례에 참석하는 것을 강제적인 의무로 만들었다.

특히 16세기 트리엔트 공의회(1545~1563)는 사제들에게 성무일도를 지키는 것을 의무로 만들었고, 보통의 기독교인들에게는 일요일마다 미사에 가는 것을 의무로 만들었으며, 1년에 한번은 신부에게 고해성사를 하는 것도 의무로 만들었다. 드디어 교회에 나가는 것만으로도 영혼의 구원을 받을 수 있다는 등식이 성립하게 된 것이다.

국민국가는 이런 교회의 의례전통을 고스란히 답습했다. 국민국가가 도입한 고유한 의례 중 가장 강력한 것이 바로 학교 교육이다. 우리는 학교 교육을 통해 국가의 온전한 시민이 되기 위해서는 스스로 공부하고 자율적으로 판단하는 게 아니라 조직화된 제도가 필요하다는 믿음을 얻게 된다. "지식은 살면서 배워나가는 것이 아니라 교육, 제도의 가슴으로부터 흘러나오는 지혜의 젖으로부터 얻어지는 것”일리치·케일리, 『이반 일리치의 유언』, 232쪽이라는 믿음을 강화시킨다.

일리치는 결코 ‘학교’를 없애자는 말을 한 적이 없다. 일리치가 폐지하자고 주장했던 것은 학교 ‘제도’이다. 만약 소수는 돈을 따지만 대부분은 돈을 잃는 로또를 의무적으로 구입하자고 하면 당신은 찬성하겠는가? 그런데 소수의 승자를 위해 다수의 탈락자를 만드는 학교 제도의 확산, 혹은 의무교육의 확산을 왜 받아들이는가? 만약 영혼의 구원을 위해 모든 사람이 교회 혹은 절에 가야 한다는 법을 만들고 교회나 절에 공공자금을 지원하자고 하면 모두 찬성하겠는가? 그런데 왜 배움을 위해 학교라는 제도를 만들고 그곳에 공공자금을 투여하는 일에는 반대하지 않는가? 바로 『학교 없는 사회』를 통해 일리치가 우리에게 던지는 뼈아픈 질문이다.

이 책은 2020년 '도서관 길 위의 인문학' 사업의 일환으로 이루어진 지은이의 〈이반 일리치의 사유로 코로나시대 진단하기〉 강의(총 3강)의 내용을 책으로 엮은 것입니다.

지은이의 생생한 목소리로 책의 내용을 만나고 싶다면, 아래의 url 혹은 QR코드로 동영상 강의에 접속할 수 있습니다.

첫번째 강의 _ 성장을 멈추어라
https://youtu.be/eJ55rqRthCI

두번째 강의 _ 학교 없는 사회
https://youtu.be/oujS8Dh7Mf0

세번째 강의 _ 병원이 병을 만든다
https://youtu.be/AbxvSiZhn0s

* 위 동영상 강의들은 한국도서관협회의 '도서관 길 위의 인문학' 사업의 일환으로 업로드된 영상들로 북튜브 출판사는 해당 강의의 링크를 제공할 뿐, 해당 동영상이나 업로드 단체와는 무관합니다.